新《行政处罚法》简明教程

XIN XINGZHENG CHUFAFA JIANMING JIAOCHENG

2022年版

主　编：杨伟东
副主编：王　静　张效羽
撰稿人：杨伟东　王　静　张效羽　祖博媛
　　　　王　轩　王凌光　杨　霞　安丽娜

中国法制出版社
CHINA LEGAL PUBLISHING HOUSE

导言 《行政处罚法》修订的重点内容

1996年3月17日，《中华人民共和国行政处罚法》（以下简称《行政处罚法》）由第八届全国人民代表大会第四次会议通过，自1996年10月1日起施行。之后，《行政处罚法》曾于2009年和2017年经历过两次修正，对部分规定进行微调。2021年1月22日，第十三届全国人民代表大会常务委员会第二十五次会议对该法进行修订，这是《行政处罚法》首次"大修"，具有重大意义。《行政处罚法》规范的是在行政管理实践中使用广泛、频繁的行政处罚行为，不仅事关公民、法人或者其他组织的合法权益的保护，而且关系到公共程序和社会秩序的维护。此次《行政处罚法》的修订旨在适应新时代带来的新变化，落实法治国家和法治政府的新要求，回应行政执法实践的新需要，贯彻落实党中央关于全面依法治国重大决策部署，体现巩固行政执法领域重大改革成果，打造调适不同利益、平衡不同需求，更为合理、更为完善、更为精细的行政处罚制度，使行政处罚成为既有力度又有温度的制度，从而为加快法治政府建设、推进国家治理体系和治理能力现代化贡献力量。

此次《行政处罚法》的修订，涉及面广，修订幅度大，涵盖了对《行政处罚法》各项制度的调整和完善。兹将此次修订的重点内容和主要方面作一概括梳理，以便读者可以结合后文具体条文的解读，对《行政处罚法》修订的主要内容和核心精神有更为全面、深入的理解和把握。

一、界定行政处罚和增加处罚种类

新修订的《行政处罚法》第二条对行政处罚作出专门界定，“行政处罚是指行政机关依法对违反行政管理秩序的公民、法人或者其他组织，以减损权益或者增加义务的方式予以惩戒的行为”。此规定在于明确行政处罚的内涵，确定行政处罚的性质。

在此基础上，新修订的《行政处罚法》增加了行政处罚的种类，包括通报批评、降低资质等级、限制开展生产经营活动、责令关闭、限制从业共五种（第九条），增加新的声誉罚、资格罚和行为罚。

二、调整并规范行政处罚设定

新修订的《行政处罚法》对行政处罚设定进行了一定的调整，赋予了行政法规、地方性法规和规章更多的设定权。与此同时，也对设定权附加了更多规范和限制。

1. 赋予行政法规、地方性法规补充设定权

新修订的《行政处罚法》赋予行政法规、地方性法规

补充设定权，规定“法律对违法行为未作出行政处罚规定，行政法规为实施法律，可以补充设定行政处罚……”（第十一条第三款）；“法律、行政法规对违法行为未作出行政处罚规定，地方性法规为实施法律、行政法规，可以补充设定行政处罚……”（第十二条第三款），这是我国立法首次规定补充设定权。

为防止补充设定权的滥用，新修订的《行政处罚法》同时附设了一定的限制。要求行政法规或地方性法规“拟补充设定行政处罚的，应当通过听证会、论证会等形式广泛听取意见，并向制定机关作出书面说明”，同时在依法报送备案时应当说明补充设定行政处罚的情况。

2. 赋予规章设定通报批评权

在规章原享有警告、一定数额罚款的设定权基础上，新修订的《行政处罚法》赋予规章设定通报批评的权力，因此扩大了国务院部门规章和地方政府规章的设定权。

3. 增加行政处罚实施评估制度

新修订的《行政处罚法》第十五条规定：“国务院部门和省、自治区、直辖市人民政府及其有关部门应当定期组织评估行政处罚的实施情况和必要性，对不适当的行政处罚事项及种类、罚款数额等，应当提出修改或者废止的建议。”此规定意在通过定期对已经设定的行政处罚进行评估，减少不必要的行政处罚事项，防止行政处罚事项不断扩张，达到简政放权、优化营商环境的目的。

三、科学配置行政处罚权

行政执法体制是我国行政执法中的重要问题，关系到行政执法权在纵向和横向两个维度的配置，以及行政执法机关之间的关系处理。新修订的《行政处罚法》以行政执法体制改革成果为基础，更为科学地配置了行政处罚权，保证行政处罚机关顺利实施行政处罚。

1. 下放行政处罚权

为满足基层执法需求，加强基层执法和处罚力量，新修订的《行政处罚法》推进行政处罚权限和力量向基层延伸和下沉，规定“省、自治区、直辖市根据当地实际情况，可以决定将基层管理迫切需要的县级人民政府部门的行政处罚权交由能够有效承接的乡镇人民政府、街道办事处行使……决定应当公布”（第二十四条第一款）。

不过，为保障行政处罚权“放得下、接得住、管得好”，新修订的《行政处罚法》对下放行政处罚权的条件和情形作出了明确规定，“承接行政处罚权的乡镇人民政府、街道办事处应当加强执法能力建设，按照规定范围、依照法定程序实施行政处罚。有关地方人民政府及其部门应当加强组织协调、业务指导、执法监督，建立健全行政处罚协调配合机制，完善评议、考核制度”（第二十四条第二款、第三款）。同时，新修订的《行政处罚法》又要求，对于下放情况和效果，省、自治区、直辖市应当定期组织评估。

2. 相对集中行政处罚权

根据党和国家机构改革及行政执法体制改革要求，新修订的《行政处罚法》第十八条第一款规定：“国家在城市管理、市场监管、生态环境、文化市场、交通运输、应急管理、农业等领域推行建立综合行政执法制度，相对集中行政处罚权。”

3. 增加行政处罚权行使的协调机制

为解决行政处罚权交叉出现的问题，新修订的《行政处罚法》规定“两个以上行政机关都有管辖权的，由最先立案的行政机关管辖”（第二十五条第一款）。此规定有助于妥善处理不同行政机关的关系，保证行政处罚权的有效和高效行使，防止出现行政处罚机关之间的争权或推责。

《行政处罚法》第二十六条规定：“行政机关因实施行政处罚的需要，可以向有关机关提出协助请求。协助事项属于被请求机关职权范围内的，应当依法予以协助。”该规定的目的在于妥善处理不同地域的行政处罚机关之间的关系，通过行政执法协助，提高行政处罚的协同性。

行政处罚与刑事处罚的有机衔接十分重要，不过修订前的《行政处罚法》规定较为简单，仅规定违法行为构成犯罪的行政机关有移送的义务和要求，远不能适应现实需要。新修订的《行政处罚法》第二十七条扩充了相关内容，不仅进一步明确了“违法行为涉嫌犯罪的，行政机关应当及时将案件移送司法机关，依法追究刑事责任”，而且增加规定了司法机关的移送义务，即“对依法不需要追究刑事责任或者免予刑事处罚，但应当给予行政处罚的，司法机关应当及时将案件移送有关行政机关”。为保证行政处罚与刑事处罚的顺畅衔接，新修订的《行政处罚法》第二十七条还要求“行政处罚实施机关与司法机关之间应当加强协调配合，建立健全案件移送制度，加强证据材料移交、接收衔接，完善案件处理信息通报机制”。

四、明晰行政处罚的适用规则

行政处罚的适用是行政处罚机关具体运用法律，对行政违法行为加以认定并进行处罚的过程。在这一过程中，行政处罚机关要判断公民、法人或者其他组织是否构成违法，并决定是否给予行政处罚、给予何种行政处罚。行政处罚的适用规则越明晰，越有利于行政处罚机关作出准确适用，越有利于保证行政处罚实施的客观性和公正性。新修订的《行政处罚法》结合我国行政管理实际，在实现行政处罚的宽严相济、既有力度又有温度的理念下，对行政处罚的适用规则作出了更为明晰的规定。

1. 细化一事不再罚规则

修订前的《行政处罚法》规定，对当事人的同一个违法行为，不得给予两次以上罚款的行政处罚，此规定确立了一事不再罚规则。新修订的《行政处罚法》进一步作出规定，明确“同一个违法行为违反多个法律规范应当给予罚款处罚的，按照罚款数额高的规定处罚”（第二十九条）。

2. 增加首次违法不处罚和无过错不处罚规则

新修订的《行政处罚法》除完善从轻处罚、减轻处罚的法定情形，予以更为明确、合理规定（第三十一条、第三十二条等）外，增设了不予行政处罚的情形，值得特别关注。

修订前的《行政处罚法》规定，违法行为轻微并及时改正，没有造成危害后果的，不予行政处罚。新修订的《行政处罚法》在此基础上新增了两种情形：一种情形是“……初次违法且危害后果轻微并及时改正的，可以不予行政处罚”（第三十三条第一款），即首次违法不处罚；另一种情形是“当事人有证据足以证明没有主观过错的，不予行政处罚。法律、行政法规另有规定的，从其规定”（第三十三条第二款），即无过错不处罚。这两项制度体现了行政处罚的慎罚思想，但均设置有严格的适用条件。同时，新修订的《行政处罚法》规定“对当事人的违法行为依法不予行政处罚的，行政机关应当对当事人进行教育”（第三十三条第三款）。

3. 延长重点领域违法的追诉时效

新修订的《行政处罚法》改变了原则上对违法行为采用二年追诉时效的安排，规定“涉及公民生命健康安全、金融安全且有危害后果的”违法行为，追诉时效为五年（第三十六条第一款）。此规定旨在增强对重点领域违法行为的打击力度，体现维护秩序的旨趣。

4. 确立从旧兼从轻规则

新修订的《行政处罚法》第三十七条规定：“实施行政处罚，适用违法行为发生时的法律、法规、规章的规定。但是，作出行政处罚决定时，法律、法规、规章已被修改或者废止，且新的规定处罚较轻或者不认为是违法的，适用新的规定。”

5. 完善行政处罚决定无效制度

修订前的《行政处罚法》第三条第二款规定：“没有法定依据或者不遵守法定程序的，行政处罚无效。”新修订的《行政处罚法》以行政行为无效理论为基础，并根据《中华人民共和国行政诉讼法》（以下简称《行政诉讼法》）中关于行政行为无效的规定①，对行政处罚的无效规定加以完善，其第三十八条规定：“行政处罚没有依据

① 《行政诉讼法》第七十五条规定：“行政行为有实施主体不具有行政主体资格或者没有依据等重大且明显违法情形，原告申请确认行政行为无效的，人民法院判决确认无效。”

或者实施主体不具有行政主体资格的，行政处罚无效。违反法定程序构成重大且明显违法的，行政处罚无效。”

五、确立行政处罚证据基本规则

共识认为，行政程序证据规则有别于行政复议和行政诉讼证据规则。不过，长时间以来，行政程序证据规则付之阙如。根据实践需要，此次《行政处罚法》在行政处罚证据制度上迈出了一步，确立了行政处罚证据的基本规则。

新修订的《行政处罚法》第四十六条对行政处罚证据种类作出规定，包括书证、物证、视听资料、电子数据、证人证言、当事人的陈述、鉴定意见和勘验笔录、现场笔录，并规定“证据必须经查证属实，方可作为认定案件事实的根据。以非法手段取得的证据，不得作为认定案件事实的根据”。

针对目前行政机关经常使用电子技术监控设备收集证据且引发社会关注的情况，新修订的《行政处罚法》第四十一条专门作出规定，提出了针对性要求。一是行政机关依照法律、行政法规规定利用电子技术监控设备收集、固定违法事实的，应当经过法制和技术审核，确保电子技术监控设备符合标准、设置合理、标志明显，设置地点应当向社会公布。二是电子技术监控设备记录违法事实应当真实、清晰、完整、准确。行政机关应当审核记录内容是否符合要求；未经审核或者经审核不符合要求的，不得作为行政处罚的证据。三是行政机关应当及时告知当事人违法事实，并采取信息化手段或者其他措施，为当事人查询、陈述和申辩提供便利。不得限制或者变相限制当事人享有的陈述权、申辩权。

六、行政执法三项制度入法

如前所述，行政执法三项制度作为改革成果取得实效，与行政处罚制度密切相关。《行政处罚法》的修订将行政执法三项制度要求转化为法律要求，载入《行政处罚法》。

公示制度是保障当事人和社会公众知情权、参与权、表达权、监督权的重要措施。新修订的《行政处罚法》规定，行政处罚的实施机关、立案依据、实施程序和救济渠道等信息应当公示（第三十九条）。对于具有一定社会影响的行政处罚决定应当依法公开，但公开后出现变化或信息不准确的应及时予以更正，即公开的行政处罚决定被依法变更、撤销、确认违法或者确认无效的，行政机关应当在3日内撤回行政处罚决定信息并公开说明理由。同时规定，行政机关及其工作人员对实施行政处罚过程中知悉的国家秘密、商业秘密或者个人隐私，应当依法予以保密（第四十八条、第五十条）。

对于全过程记录要求，新修订的《行政处罚法》第四十七条规定，行政机关应当依法以文字、音像等形式，对行政处罚的启动、调查取证、审核、决定、送达、执行等进行全过程记录，归档保存。

对于重大决定的法制审核，新修订的《行政处罚法》第五十八条第一款规定，有下列情形之一，在行政机关负责人作出行政处罚的决定之前，应当由从事行政处罚决定法制审核的人员进行法制审核：涉及重大公共利益的；直接关系当事人或者第三人重大权益，经过听证程序的；案件情况疑难复杂、涉及多个法律关系的；法律、法规规定应当进行法制审核的其他情形。凡未经法制审核或者审核未通过的，不得作出决定。

七、调整和完善行政处罚三类决定程序

原《行政处罚法》[①] 确立了行政处罚三类决定程序，即简易程序、普通程序和听证程序，此次修订根据实际发展需要调整和完善相关要求。

1. 简易程序

一方面，调整简易程序适用范围和条件，将原规定的对公民处以 50 元以下、对法人或者其他组织处以 1000 元以下罚款，调整为对公民处以 200 元以下、对法人或者其他组织处以 3000 元以下罚款。同时，赋予单行法律对简易程序规定的权力（第五十一条）。另一方面，完善了简易

① 本书中所称的原《行政处罚法》一般指 2021 年修订前的《行政处罚法》。

程序相关要求。增加了当场作出行政处罚决定书应载明的内容，即行政处罚的种类和申请行政复议、提起行政诉讼的途径和期限。同时要求对执法人员当场交付当事人，当事人拒绝签收的，应当在行政处罚决定书上注明（第五十二条）。

2. 普通程序

针对普通程序，除前述法制审核规定外，增加或完善了三项要求：一是主动出示执法证件要求。执法人员在调查或者进行检查时，应当主动向当事人或者有关人员出示执法证件。当事人或者有关人员有权要求执法人员出示执法证件。执法人员不出示执法证件的，当事人或者有关人员有权拒绝接受调查或者检查（第五十五条第一款）。二是对行政处罚决定时限要求。原则上，行政机关应当自行政处罚案件立案之日起90日内作出行政处罚决定，但是法律、法规、规章另有规定的，从其规定（第六十条）。三是完善送达规定。规定当事人同意并签订确认书的，行政机关可以采用传真、电子邮件等方式，将行政处罚决定书等送达当事人（第六十一条第二款）。

3. 听证程序

对于听证程序的完善，主要体现在扩大了听证程序的适用范围，即将原规定的“责令停产停业、吊销许可证或者执照、较大数额罚款等行政处罚”调整为如下范围：较大数额罚款，没收较大数额违法所得、没收较大价值非法财物，降低资质等级、吊销许可证件，责令停产停业、责令关闭、限制从业，其他较重的行政处罚，法律、法规、规章规定的其他情形。并且明确了行政机关应当根据听证笔录作出决定（第六十三条、第六十五条）。

八、细化行政处罚决定执行规定

新修订的《行政处罚法》对行政处罚决定执行规定的细化，主要体现在三个方面：

一是突出人道性。当事人确有经济困难，需要延期或者分期缴纳罚款的，经当事人申请和行政机关批准，可以暂缓或者分期缴纳（第六十六条第二款）。同时规定，经行政机关批准延期、分期缴纳罚款的，申请人民法院强制执行的期限，自暂缓或者分期缴纳罚款期限结束之日起计算（第七十二条第二款）。

二是提高便利性。对罚款决定，可以通过电子支付系统缴纳（第六十七条第三款、第六十九条）。

三是提升对接性。主要是与《中华人民共和国行政强制法》（以下简称《行政强制法》）、《中华人民共和国治安管理处罚法》（以下简称《治安管理处罚法》）、《中华人民共和国行政复议法》（以下简称《行政复议法》）和《行政诉讼法》的对接性，集中体现在第七十三条之中。当事人对行政处罚决定不服，申请行政复议或者提起行政诉讼的，行政处罚不停止执行，法律另有规定的除外。当事人对限制人身自由的行政处罚决定不服，申请行政复议或者提起行政诉讼的，可以向作出决定的机关提出暂缓执行申请。符合法律规定情形的，应当暂缓执行。当事人申请行政复议或者提起行政诉讼的，加处罚款的数额在行政复议或者行政诉讼期间不予计算。

九、强化对行政处罚权力的制约和监督

为防止行政处罚权力滥用，新修订的《行政处罚法》加强了对行政处罚权力的制约和监督。新修订的《行政处罚法》明确要求，罚款、没收的违法所得或者没收非法财物拍卖的款项，不得同作出行政处罚决定的行政机关及其工作人员的考核、考评直接或者变相挂钩（第七十四条第三款）。同时规定，县级以上人民政府应当定期组织开展行政执法评议、考核，加强对行政处罚的监督检查，规范和保障行政处罚的实施，要求行政机关实施行政处罚应当接受社会监督（第七十五条）。

目　录

上篇　新《行政处罚法》解读

下篇　行政处罚典型案例分析

上 篇

新《行政处罚法》解读

第一章　总　　则

※ 本章学习导读 ※

《行政处罚法》的总则是对行政处罚的总体性安排，涉及对行政处罚的基本要求和基本精神的规定。本章的内容主要包括立法目的、行政处罚界定和适用范围、行政处罚基本原则、当事人的权利和被处罚者承担的其他法律责任。学习和掌握《行政处罚法》，首先要对总则的内容学深悟透，以总则的内容作为统领，结合各章的具体内容在行政执法中贯通理解和使用。特别是关于行政处罚的立法目的、行政处罚概念和行政处罚基本原则，是在行政处罚每个环节、每个阶段都应当牢记于心的。

第一节　《行政处罚法》的立法目的

《行政处罚法》第一条明确规定："为了规范行政处罚的设定和实施，保障和监督行政机关有效实施行政管理，维护公共利益和社会秩序，保护公民、法人或者其他组织的合法权益，根据宪法，制定本法。"本条清晰指明了《行政处罚法》的立法目的。

一、规范行政处罚的设定和实施

《行政处罚法》最为直接的立法目的是规范行政处罚的设定和实施，1996年《国务院关于贯彻实施〈中华人民共和国行政处罚法〉的通知》指出"行政处罚法是规范政府行为的一部法律，与行政机关的关系重大"，2021年《国务院关于进一步贯彻实施〈中华人民共和国行政处罚法〉的通知》亦指出，"行政处罚法是规范政府行为的一部重要法律"。《行政处罚法》的立法目的是通过规范行政处罚的设定和实施，规范行政处罚权行使，维护公共利益，保护公民的权利。

在《行政处罚法》立法目的统领下巩固行政处罚设定和实施方面的实践成果，主动适应实践需要。立法目的是行政处罚制度的灵魂，统率并衍生出行政处罚的制度设计、法律原则以及法律规范内容。在《行政处罚法》立法目的的指引下，2021 年新修订的《行政处罚法》在行政处罚权的设定方面增加行政法规、地方性法规的补充设定权；在行政处罚的实施方面增加解决多头执法、重复执法和执法力量分散的综合执法制度，增加解决执法重心下移的行政处罚权下放乡镇街道；增加解决行政处罚程序的行政执法“三项制度”等。

二、保障和监督行政机关有效实施行政管理

行政处罚权是行政机关的重要行政管理权力，从法律制度上规范行政处罚的设定和实施行为，一方面，要有效发挥行政处罚的作用，保障行政机关有效实施行政管理。因此，《行政处罚法》通过授权方式赋予法律、法规和规章必要的行政处罚设定权，授予行政机关依据法律、法规和规章对自己职权范围内的违反行政管理秩序的行为的行政处罚权。

另一方面，行政处罚权是关系公民、法人或者其他组织权利的行政权力，其能否依法行使关系到公民权利能否得到充分保护和行政机关能否依法行政。《行政处罚法》的立法要监督行政机关有效实施行政处罚，保证行政机关实施行政处罚必须严格依法进行，否则要承担相应的法律责任。

三、维护公共利益和社会秩序，保护公民、法人或者其他组织的合法权益

行政法的目标追求是在公共利益本位论的基础上实现

公共利益和个人利益的平衡和统一。行政处罚是典型的行政制裁，必然会减损公民权益或者增加公民义务，同时在实践中也存在某些行政机关进行行政处罚时坐收坐支、私自截留等现象。这些行为既有违行政处罚的目的，损害公民、法人或者其他组织的合法权益，也影响国家行政机关的形象，损害国家利益和公共利益。所以，《行政处罚法》的重要立法目的是保护公民、法人或者其他组织的合法权益。

不过，值得注意的是，行政处罚这一行政行为与其他行政行为仍有一定的区别。《行政处罚法》的立法目的背后的理论依据是“公共利益本位论”，从“保障和监督行政机关有效实施行政管理”看，“保障”行政机关有效实施行政管理先于“监督”行政机关的行为，源于行政机关是公共利益和社会秩序的代表者和维护者，授权行政机关为维护公共利益依法行使权力，同时监督行政机关依法行权；从利益关系角度看，一般而言，利益关系分为公共利益和个人利益，在二者之间有强调个人利益优先的，也有强调公共利益优先的，《行政处罚法》的立法目的将“维护公共利益和社会秩序”放在“保护公民、法人或者其他组织的合法权益”之前，说明了公共利益本位的理论基础。在公共利益和个人利益的关系上，二者既对立又统一，发生冲突时“以公共利益为本位”，在目标追求上实现二者的统一和平衡。

“行政三法”中，《行政处罚法》和《行政强制法》针对的是对公民权益产生不利影响的行政行为，二者在立法目的的表述上有着相同的表达，《行政强制法》立法目的为“规范行政强制的设定和实施，保障和监督行政机关依法履行职责，维护公共利益和社会秩序，保护公民、法人和其他组织4的合法权益”。《中华人民共和国行政许可法》（以下简称《行政许可法》）是授益性的行政行为，其立法目的表述为“规范行政许可的设定和实施，保护公民、法人和其他组织的合法权益，维护公共利益和社会秩序，保障和监督行政机关有效实施行政管理”。行政行为对当事人的权益影响不同，行政立法目的层级顺序就有所不同，在立法框架、法律原则和法律规范内容的安排和表述上也不一样。行政处罚和行政强制作为负担性行政行为，其立法目的强调保障和监督行政依法履行职责，重在保障和监督控制行政权力；行政许可作为授益性行政行为，其立法目的强调保护公民、法人和其他组织的合法权益，重在保护权利。但是背后的理论依据，都源于公共利益本位的考量。

第二节　行政处罚的界定与特征

一、行政处罚的定义

在社会经济生活不断发展、政府传统监管方法捉襟见肘的情况下，一些新的治理手段和方法开始出现，在实践中产生很大争议。一方面，这些惩戒方式根据其形式难以判断是否属于行政处罚种类，需要在行政处罚种类列举式的规定外，针对行政处罚种类的本质特征明确界定；另一方面，行政处罚种类列举虽然有兜底条款，但是行政处罚种类列举无法穷尽所有情况。而且，《行政许可法》和《行政强制法》都有定义，唯独《行政处罚法》中未对行政处罚明确定义。增加对行政处罚的概括式定义既是对法学理论的推动与深化，也是为了激活行政处罚种类的兜底条款，给行政和司法机关判断是否属于行政处罚种类提供判断标准。因此，2021 年新修订的《行政处罚法》增加了行政处罚的定义，即“指行政机关依法对违反行政管理秩序的公民、法人或者其他组织，以减损权益或者增加义务的方式予以惩戒的行为”。

二、行政处罚的特征

理解行政处罚的特征，可以从下列五个方面考虑。

（一）行政处罚的主体是行政机关

行政处罚主体存在执法主体混乱的问题，一些没有行政处罚权的组织和人员实施行政处罚，严重损害当事人的权益。实施行政管理的主体是行政机关，实施行政处罚的主体是拥有行政职权的行政机关。除行政机关依法行使行政处罚权之外，法律、法规授权的具有管理公共事务职能的组织可以在法定职权范围内实施行政处罚。行政机关依照法律、法规、规章的规定，可以在其法定职权范围内书面委托符合条件的组织实施行政处罚。2021 年全国人民代表大会宪法和法律委员会《关于〈中华人民共和国行政处罚法（修订草案三次审议稿）〉修改意见的报告》指出“行政处罚的实施以行政机关为主，委托其他组织实施应当从严，坚持依法委托”，并建议委托程序增加“委托应当采用书面形式；委托书应当载明委托的具体事项、权限、期限等内容；委托应当公布”。最终修订草案建议表决稿采纳上述意见作了修改。除了以上传统的行政执法实施机关，新修订的《行政处罚法》对行政处罚主体革新是乡镇街道执法和综合执法，乡镇街道执法打破了传统的执法层级，综合执法整合了传统执法部门。

（二）行政处罚的适用对象是违反行政管理秩序的公民、法人或者其他组织

行政处罚的适用对象是违反行政管理秩序的公民、法人或者其他组织。维护行政管理秩序是行政机关的职责。行政机关为了维护行政秩序依法行使行政管理职权，行政相对人必须遵守和履行行政法律规范设定的义务。公民、法人或者其他组织违反行政管理秩序，损害了公共利益和社会秩序，行政机关可以对违反行政管理秩序的公民、法人或者其他组织实施行政处罚权。被处罚的当事人必须达

到责任年龄即十四周岁，同时具备责任能力，能辨认或者控制自己的行为，否则不予行政处罚。“附则”中第八十四条还规定“外国人、无国籍人、外国组织在中华人民共和国领域内有违法行为，应当给予行政处罚的，适用本法，法律另有规定的除外”。

（三）行政处罚的基础是行政违法行为

行政处罚的基础是行政违法行为的客观存在。如果没有当事人的违反行政管理秩序行为的客观存在，就没有行政处罚的实施。

1. 行政管理秩序是行政法律规范设定和实施的目的

用法律解决矛盾冲突和维持良好的生产生活秩序是人类文明的成果。在行政管理领域，法律调整当事人和行政机关之间关系而形成行政法律关系。在这对关系中，为了维持良好的行政管理秩序，当事人有遵守相关法律规范的义务，行政机关依照法律的规定行使权力。如果当事人没有遵守行政法律规范的义务，必然破坏行政法律建构的行政管理秩序，行政机关在此情形下就需要根据违法行为的情节、危害后果、行为能力等对当事人的行为作出相应的惩罚行为。如果行政机关违法行使行政权力，在主体资格、法律依据、职权范围、程序等方面不符合法律规定，则其作出的行政处罚行为的预期目的不能实现。行政管理秩序是行政法律规定设定和实施的目的，当事人有遵守行政法律规范规定的义务。

2. 当事人违反行政法律规范的义务

首先，当事人违反行政法律规范。当事人违反哪些行政法律规范？一般而言行政法律规范是调整行政法律关系的法律、法规、规章。所以当事人违反的是法律、法规和规章。

其次，当事人违反行政法律规范的义务。行政法律规范既有关于当事人享有的权利，也有规定当事人应该履行和遵守的义务。权利可以放弃，但是义务必须履行和遵守，如果当事人违反行政法律规范的义务规定，对命令其必须作为的不作为，禁止其不得作为的而作为，则违反行政管理秩序，就要面对行政处罚的后果。

（四）行政主体依法对当事人减损权益或者增加义务的方式

1. 关于“依法”

“依法”中的“法”是广义的法律，既包括全国人大及其常委会的法律，也包括行政法规、地方性法规、部门规章和地方政府规章。

2. 关于“减损权益或者增加义务”

行政处罚的后果是当事人权益的减损或者义务的增加。“减损权益或者增加义务”的表述来自《中华人民共和国立法法》（以下简称《立法法》）：“没有法律或者国务院的行政法规、决定、命令的依据，部门规章不得设定减损公民、法人和其他组织权利或者增加其义务的规范。”《立法法》中使用的是“减损权利”，在《行政处罚法》中改为“减损权益”。当事人权益的减损包括当事人权利的限制或剥夺和利益的减少。实践中存在当事人权利被限制或剥夺但是利益未减少，利益减少但并未伤及权利的情况，所以当事人权益的减损的表述更全面，能容纳行政处罚种类。

“减损权益或者增加义务”与行政处罚的种类不能一一对应。比如，没收违法所得是对本不属于被处罚人的财产的剥夺，是对合法状态的恢复，没有额外增加被处罚人负担或者减损其权益，是被处罚人本来应该做的。在立法中对没收违法所得做了扩充解释，不以合法财产作为基础，只要被处罚人财产的付出都是对其权益的影响和减损。

（五）行政处罚的性质是惩戒或制裁

行政处罚是通过对当事人权益的减损或者义务的增加，让其权益有损失，义务有增加，以当事人损失权益和成本作为其违法代价的惩戒。行政处罚的惩戒性质与《行政处罚法》第六条规定处罚与教育相结合内容一致、逻辑一贯。通过权益的减损或义务的增加惩罚当事人，同时教育公民、法人或者其他组织自觉守法，纠正违法行为，引以为鉴。

学界常用“制裁”，惩戒与制裁在行政处罚中基本是同义，都是对当事人不利的行为。2021年《行政处罚法》的修订将行政处罚的定义落脚于“惩戒”，“惩”意味着行政处罚的首要功能是惩罚，而“戒”有防备的含义，意味着行政处罚还有预防违法的目标和作用，也对应《行政处罚法》处罚与教育相结合的功能。

第三节 行政处罚的设定和实施

一、行政处罚的设定

（一）法律、法规和规章对行政处罚的设定

乱处罚、乱罚款现象产生的原因之一是行政处罚的设定权不明确，行政机关随意设定行政处罚。设定是对行政处罚权的配置，主要是明确违反行政管理秩序的行为通过哪类法律规范对哪类行政处罚作出规定。行政处罚对公民、法人或者其他组织的人身自由权、财产权、名誉权、从业资格资质等权益产生不利影响，而影响程度不尽相同，有的会限制公民的人身自由，有的是声誉上的影响。行政处罚对当事人影响程度不同，这就需要结合我国不同法律规范的层级和权限，并考虑我国法制建设的实际情况，确定不同法律规范设定行政处罚的权力。《行政处罚法》对行政处罚的设定作出了明确规定，旨在从源头上防止行政处罚的滥用。一是法律可以设定各种行政处罚，且限制人身自由的行政处罚只能由法律设定，属于法律保留事项。二是行政法规可以设定除限制人身自由以外的行政处罚。法律对违法行为已经作出行政处罚规定，行政法规需要作出具体规定的，必须在法律规定的给予行政处罚的行为、种类和幅度的范围内进行。2021 年《行政处罚法》的修订又赋予行政法规补充设定权，即法律对违法行为未作出行政处罚规定，行政法规为实施法律，可以补充设定行政处罚。三是地方性法规可以设定除限制人身自由、吊销营业执照以外的行政处罚；法律、行政法规对违法行为已经作出行政处罚规定的，地方性法规在法律、行政法规规定的给予行政处罚的行为、种类和幅度的范围内作规定；同时新增加、扩大了地方性法规行政处罚设定权限，即地方性法规为实施法律、行政法规，对法律、行政法规未规定的违法行为可以补充设定行政处罚。四是国务院部门规章和地方政府规章在各自上位法规定的行政处罚的行为、种类和幅度的范围内作出具体规定，在各自上位法未制定的情况下，对违反行政管理秩序的行为，可以设定警告、通报批评或者设定一定数额的罚款。五是除法律、法规、规章以外，其他任何规范性文件不得设定行政处罚。

（二）依法规范行政处罚的设定

2021 年 11 月 15 日《国务院关于进一步贯彻实施〈中

华人民共和国行政处罚法〉的通知》对进一步贯彻实施《行政处罚法》要求依法规范行政处罚的设定：

其一，不得变相设定行政处罚，规避行政处罚设定要求。起草法律、法规、规章草案时，不得以其他行政管理措施的名义对违反行政管理秩序的公民、法人或者其他组织，以减损权益或者增加义务的方式变相实施惩戒的设定，而要依法设定行政处罚。不得通过在上位法设定的行政处罚种类、法定幅度之外调整罚款上下限等方式层层加码或者“立法放水”。对现行法律、法规、规章中的行政管理措施是否属于行政处罚有争议的，要依法及时予以答复或者提请有权机关解释答复。

其二，依法合理设定罚款数额。根据《行政处罚法》规定，尚未制定法律、行政规范的，国务院部门规章对违反行政管理秩序的行为，可以按照国务院规定的限额设定一定数额的罚款。部门规章设定罚款，要坚持过罚相当，罚款数额要与违法行为的事实、性质、情节以及社会危害程度相当，该严的要严，该轻的要轻。法律、行政法规对违法行为已经作出罚款规定的，部门规章必须在法律、行政法规规定的给予行政处罚的行为、种类和幅度的范围内规定。尚未制定法律、行政法规规定，因行政管理迫切需要依法先以部门规章设定罚款的，设定的罚款数额最高不得超过 10 万元，且不得超过法律、行政法规对相似违法行为的罚款数额，涉及公民生命健康安全、金融安全且有危害后果的，设定的罚款数额最高不得超过20万元；超过上述限额的，要报国务院批准。部门规章设定的罚款实施一定时间后，需要继续实施其所设定的罚款且需要上升为法律、行政法规的，有关部门要及时报请国务院提请全国人大及其常委会制定法律，或者提请国务院制定行政法规。修改部门规章时，要结合实际研究调整罚款数额的必要性，该降低的要降低，确需提高的要严格依照法定程序在限额范围内提高。地方政府规章设定罚款的限额，依法由省、自治区、直辖市人大常委会规定。

二、行政处罚的实施

在实施行政处罚时，实施处罚的主体范围结合我国的执法体制合理确定，实施行政处罚的程序、违反行政处罚规定责任等方面依照《行政处罚法》的规定实施。

（一）实施行政处罚的执法体制规范

行政处罚由具有行政处罚权的行政机关在法定职权范围内行使。并不是所有的行政机关都可以实施行政处罚，这是由行政处罚对当事人减损权益或者增加义务性质决定的，所以乡镇、街道办事处行使行政处罚权有严格限制；并不是具有行政处罚权的机关都可以行使任何种类的行政处罚惩戒当事人，这是由不同种类的行政处罚对当事人权益影响程度的不同决定的，限制人身自由的行政处罚权只能由公安机关和法律规定的其他机关如国家安全机关行使；并不是职能部门在各自领域都可以行使行政处罚权，这是因为多头执法、重复执法和执法力量分散影响执法成效，《行政处罚法》规定，国务院或省、自治区、直辖市人民政府可以决定一个行政机关行使有关行政机关的行政处罚权。2021 年修订的《行政处罚法》又规定国家在城市管理、市场监管、生态环境、文化市场、交通运输、应急管理、农业等领域推行建立综合行政执法制度，相对集中行政处罚权。

（二）行政处罚的程序规范

行政处罚程序是行政机关在行使行政处罚时应遵守的方式、步骤、顺序和时限。程序包括如下内容：一是巩固行政执法公示制度、执法全过程记录制度、重大执法决定法制审核制度的改革成果，明确具体的操作流程。二是非现场执法规范操作，规定作出行政处罚决定的机关依照法律、行政法规规定利用电子技术监控设备收集、固定违法事实应当经过法制和技术审核，确保设置合理、标准合格、标志明显，设置地点向社会公布并对记录内容和方便当事人查询作出规定。《国务院关于进一步贯彻实施〈中华人民共和国行政处罚法〉的通知》对电子技术监控设备的设置和使用进一步明确要求“定期对利用电子技术监控设备取证的行政处罚决定进行数据分析；对同一区域内的高频违法行为，要综合分析研判原因，推动源头治理，需要改进行政管理行为，及时采取相应的措施，杜绝以罚代管”。对限制监控设备收集信息要求“严格限制电子技术监控设备收集信息的使用范围，不得泄露或者向他人非法提供”。三是在行政处罚决定的实施程序上，按照国务院进一步贯彻实施行政处罚的要求，首先，要建立健全立案制度和完善立案标准，按规定及时立案并严格遵守办案时限要求，确保案件得到及时有效查处。其次，建立健全听证程序规则，细化听证范围和流程，落实根据听证笔录作出行政处罚决定的规定；作出和执行过程要遵守调查取证、告知、回避、听证范围期限以及集体讨论方面的程序规范。再次，提高送达的地址确认书利用率，细化电子送达工作流程，推进通过电子支付系统缴纳罚款。最后，简易程序及突发事件应急处置程序的规定，以及其他的罚没收入管理、行政处罚实施的协助等，都要细化和规范化。

（三）行政处罚行为监督规范

实施行政处罚的过程中，需要对行政机关及其工作人员是否依法实施行政处罚进行监督。一方面明确规定行政机关及其工作人员的执法责任和监督制度，确定不同行政执法机关及其工作人员的执法责任和责任的追究制度；规定投诉举报、情况通报等制度，防止和克服行政机关追求部门利益和执法人员受利益驱动腐败的行为。另一方面从制度正义方面，要求行政处罚决定的行政机关及其工作人员的考核、考评不得同罚没收入挂钩。同时新增加了县级以上政府定期组织开展执法评议、考核，规范和保障行政处罚的实施。

（四）行政执法人员管理规范

行政处罚应由具有行政执法资格的执法人员实施，调查或者进行检查时出示执法证件；行政机关初次从事行政处罚决定法制审核的人员，要通过国家统一法律职业资格考试取得法律职业资格。确定执法人员的资格和能力的管理，执法人员文明执法，尊重和保护当事人合法权益才能落实。

（五）行政执法保障规范

行政机关实施行政处罚，依法履行维持行政管理秩序的职责，其履行法定职责应获得有效保障。一方面，对行政执法机关履行职责所需经费的足额拨付，合理安排执法装备配备、科技建设方面投入；另一方面，执行罚缴分离制度和收支两条线管理，严禁将罚没收入同部门利益直接或者间接变相挂钩。

三、“适用本法”的行政处罚通用性规范地位

《行政强制法》第三条规定了“行政强制的设定和实施，适用本法”，并且除外规定了突发事件和金融业审慎监管的“依照有关法律、行政法规的规定执行”的情况。

《行政处罚法》并未规定除外条款是为了突出其通用规范地位。2020年，全国人大常委会法制工作委员会副主任所作的《关于〈中华人民共和国行政处罚法（修订草案）〉的说明》指出修改工作应把握几点，其中之一就是“把握通用性，从《行政处罚法》是行政领域的通用性规定出发，认真总结实践经验，发展和完善行政处罚的实体和程序规则，为单行法律、法规设定行政处罚和行政机关实施性处罚提供基本的遵循”。立法实践中，《环境行政处罚办法》《中国银保监会行政处罚办法》等部门规章都将《行政处罚法》列为首要的制定依据，突发事件紧急处置在《行政处罚法》具体条文中，并未如同《行政强制法》规定除外规定。强调《行政处罚法》在行政处罚领域的总则性、通用性地位的意义在于处理《行政处罚法》与特别法之间的关系。如果按照《立法法》第九十二条规定的“特别法优于一般法”“新法优于旧法”的处理原则，则无法凸显其基础性、总则性和优先性的特点。虽然司法实践中特别法和一般法往往结合适用，但是行政处罚的设定和行政处罚种类的辨明必须根据《行政处罚法》。

第四节　行政处罚基本原则

一、行政处罚法定原则

（一）应受处罚的行为法定

当事人应否受行政处罚的行为由法律、法规和规章规定，是否受到行政处罚，应否不予处罚，以及是否从轻、减轻和不予处罚都应由法律、法规和规章规定。当事人违反行政管理秩序的行为应受到行政处罚的，须有法律依据；当事人虽有违法行为但不给予行政处罚的，也须有法律依据，如当事人未满 14 周岁或为无行为能力人的违法行为不予行政处罚。当事人受处罚的程度也要由法律、法规和规章规定。当事人同等程度或者相近程度的违法行为，在当事人主动消除或者减轻违法后果、受胁迫诱骗、主动供述以及立功的情形下应从轻或者减轻处罚。

（二）行政处罚的依据法定

《行政处罚法》规定，法律、法规和规章可以设定行政处罚，所以行政处罚的依据是法律、法规和规章。以上法律规范规定了公民违反行政管理秩序给予行政处罚的行为、种类和幅度的范围，是否给予当事人行政处罚应根据以上法律规范的规定执行。法律、法规和规章规定当事人的违法行为要受行政处罚的，要以事实为依据，以法律为准绳实施行政处罚。如果行政处罚没有依据的，行政处罚无效。

（三）实施行政处罚的主体法定

根据《行政处罚法》规定，法律、法规或者规章规定的行政机关，法律、法规授权组织，以及法律、法规或者规章规定的行政机关依照法定程序委托的组织可以实施行政处罚，除此之外，其他任何机关、组织和个人，不得行使行政处罚权。主体间还存在管辖问题：上下级行政机关之间对某项行政管理事务有分工和权限划分即层级管辖；行政部门分为公安、卫生健康、住房建设、交通、文化旅游、教育、农业农村、市场管理、税务、海关等相应行政管理部门即部门管辖；违法行为被处理的发生地有地域范围即地域管辖。哪些行政机关有权实施行政处罚由法律、法规或者规章规定，而非任何行政机关都有行政处罚的实施资格。

（四）实施行政处罚的主体职权法定

有权实施行政处罚的主体必须在自己的职权范围内对违反行政管理秩序的行为给予行政处罚，给予什么种类的行政处罚，依照法律、法规和规章的规定。

实施行政处罚的行政机关在法定职权范围内行使职权，行政机关处理某类行政处罚的范围、采取的种类以及幅度即法定事务职权。如公安机关有权实施限制人身自由的行政处罚权，这是公安机关可以采取的行政处罚种类。《行政诉讼法》第七十条规定，行政行为超越职权的，人民法院判决撤销或者部分撤销。所以行政机关所作出的行政处罚不在职权范围内，行政处罚可被法院撤销，并要求重新作出。

（五）实施行政处罚程序法定

行政程序是行政机关管理公共事务的方式、步骤、顺序和时限。实施行政处罚的程序不得违反《行政处罚法》规定。第一，行政机关实施行政处罚必须严格按照法律规定的方式、步骤、顺序和时限进行，不得违反规定。第二，根据2021年修订的《行政处罚法》第四十九条规定，在突发事件应急处置中作出行政处罚行为时，为了控制、减轻和消除突发事件引起的社会危害，行政机关可依法快速处理。第三，行政机关违反法律规范规定的程序，造成当事人财产权、人身权损害的，行政机关应当承担赔偿责任。行政机关必须按照法律、法规或者规章的规定程序实施，违反法定程序构成重大且明显违法的，行政处罚无效。

（六）行政处罚种类法定

新修订的《行政处罚法》明确规定了行政处罚的种类为：警告、通报批评；罚款、没收违法所得、没收非法财物；暂扣证件、降低资质等级、吊销许可证件；限制开展生产经营活动、责令停产停业、责令关闭、限制从业；行政拘留；法律、行政法规规定的其他行政处罚。行政处罚种类必须由法律、行政法规设定，这是辨明行政处罚种类的形式标准。而《行政处罚法》中定义的“减损权益或者增加义务”，则是辨明行政措施是否为行政处罚的实质标准。只有符合形式标准和实质标准的行政处罚，才是合法的行政处罚种类。

二、公正公开原则

处罚法定是行政处罚法治的形式要求，回应的是有法可依、有法必依、执法必严、违法必究的形式法治要求。公正公开则是实质法治要求。正如法学家埃德加·博登海默（Edgar Bodenheimer）所言，“正义有着一张普罗透斯（Proteus）似的脸，变幻无常，可随时呈现不同形状并具有极不相同的面貌”[①]。正义虽然变幻莫测，但是有两个基本的要素：一个是“平等”，这被称为公正的形式要素，含义为“相同情况相同对待、不同情况不同对待”；另一个是“正当”，这是公正的实质要素，明确何种的平等是可接受的、合理的。具体到行政处罚设定和实施，即要贯彻公正公开原则。一是公正原则，要求行政处罚的设定和实施要合理、合法，除了追求法律效果还要追求社会效果。设定和实施行政处罚要考虑具体情境，合理正当。二是公

---

① ［美］博登海默：《法理学：法律哲学与法律方法》，邓正来译，中国政法大学出版社2004年版，第156页。

开原则，要求设定行政处罚的机关在完成立法后，应该将有关行政处罚的规定公布，使公民、法人或者其他组织能够知道法律要求，并自觉履行法律义务，遵守法律规定；同时行政处罚的决定公开是接受平等对待的检验和评价。

（一）设定和实施行政处罚遵循公正原则

1. 行政处罚设定公正

设定行政处罚时，应以公正的观念对行为事实、性质、情节以及社会危害程度综合考虑是否需要给予行政处罚，以及给予怎样的行政处罚种类、幅度，保证行政处罚设定的公正性和行政处罚存在的正当性。一方面，在设定行政处罚的行为、种类和幅度时，以公正的形式要素“平等”确定尺度——相同情况相同对待、不同情况不同对待。另一方面，要考虑公正的实质要素，尤其对“不同情况”以合理的、能被社会成员接受的结果“差别对待”，根据行为的事实、性质、情节以及社会危害程度综合考虑。同时对行政处罚的实施情况和必要性进行评估，对不适当的行政处罚事项及种类、罚款数额等进行修改和废止，考虑社会效果和社会成员的可接受性，确保行政处罚的设定公正。

2. 行政处罚实施公正

行政处罚实施公正，指行政机关在适用法律作出具体行政处罚时，应保证个案行政处罚的公正性。一是行政处罚的轻重程度与当事人的违法行为事实、性质、情节以及社会危害性相当，形成可接受的行政处罚决定。二是行政处罚的加重与特殊情境下社会危害程度相当，特殊状态下也要结合社会危害程度作出适当的处罚，而非过度处罚。三是行政处罚的从轻、减轻以及免除与当事人违法行为的事实、性质、情节和社会危害程度相关，应结合当事人的年龄、责任能力、主动消除或减轻违法行为后果、意志受胁迫、违法次数、主观过错等方面综合考量确定处罚程度和方式。四是行政处罚的实施过罚相当，避免出现畸轻畸重，同等情况不同对待、不同情况同等对待的问题，所以在自由裁量的范围内应确定平等的要素。五是行政处罚实施机关应全面客观公正地调查和收集有关证据，不能以偏概全，以点带面确认事实。

（二）设定和实施行政处罚遵循公开原则

1. 行政处罚的依据和实施主体公开

公开原则要求设定行政处罚的机关在完成立法后，应该将有关行政处罚的规定公布，使公民、法人或者其他组织能够知道法律要求，并自觉履行法律义务，遵守法律规定。实施行政处罚的机关必须以法律为准绳，如果法律没有公布，当事人不知晓法律的内容，实施行政处罚的行政机关不得以此作为行政处罚的依据。同时，那些具有行政处罚实施权的机关也应在执法中公开，让当事人判断行政处罚行为的合法性，维护自身合法权益，《行政处罚法》第二十条规定了行政机关应当将其法定权限内其他组织个人实施行政处罚的委托书向社会公布；行政处罚的实施主体一般是县级以上地方政府的行政机关，《行政处罚法》第二十四条规定省、自治区、直辖市根据当地实际情况，可以决定将基层管理迫切需要的县级人民政府部门的行政处罚权交由能够有效承接的乡镇人民政府、街道办事处行使，该决定应当公布。

2. 行政处罚的过程公开

行政处罚的公开原则在实施中还包括行政处罚的过程公开和行政处罚的结果公开。行政过程公开是为了保障当事人的参与权，维护当事人合法利益，因为当事人参与的前提是知情，公民应知情的信息就是行政机关应公开的内容，主要有：表明身份，行政执法人员出示证件表明自己的执法资格，让当事人知晓执法主体适格，既配合调查和履行相应义务，同时又监督行政机关的执法行为。如果执法人员不出示执法证件，当事人则有权拒绝接受调查或者检查。监控设备设置地点的公开，依照法律、行政法规规定利用电子监控设备收集、固定违法事实的设备设置地点应当向社会公开；行政机关依法制定行政处罚裁量基准的，行政处罚的裁量基准也应当向社会公开。告知相关事项，行政机关告知当事人拟作出的行政处罚决定的事实、理由，表明执法的事实根据和法律依据，为当事人据此作出陈述意见和申辩意见提供信息基础。在获知拟被处罚的行政决定的事实、理由后，当事人可以通过听证程序向行政处罚机关表明自己对事实、理由和证据的态度以及意见，维护自身合法利益，促使行政处罚公正合理、可接受。

3. 行政处罚的结果公开

行政处罚的结果公开是指行政处罚决定的结果要向当事人公开，即将行政处罚决定书送达当事人，以便当事人了解处罚结果，一方面可以及时履行行政处罚决定；另一方面在当事人不服行政处罚决定时，其可以在法定的期限内申请复议或者提起诉讼，维护当事人权益。行政处罚的结果公开的内容主要包括当事人的基本信息，违反法律、法规和规章的事实和证据，行政处罚的种类和依据，履行方式和期限，不服行政处罚决定的救济渠道和期限，作出行政处罚决定的机关名称和作出日期等。处罚结果是否还应向社会公开，这是一个有争议的话题。根据《国务院办公厅关于全面推行行政执法公示制度执法全过程记录制度重大执法决定法制审核制度的指导意见》，行政处罚执法决定信息在执法决定作出之日起 7 个工作日内向社会公布执法机关、执法对象、执法类别、执法结论，但是法律、行政法规另有规定的除外。而在行政处罚信息是否公开的问题上，一直存在争议，在确定行政处罚决定向社会公开的范围如何划定、标准如何确定也有争议。此次修订后的《行政处罚法》第四十八条第一款规定为："具有一定社会影响的行政处罚决定应当依法公开。"于行政机关而言，行政处罚的过程应该透明公开，所以行政处罚决定结果也应该公开；于其他社会成员而言，行政处罚结果的公开有助于根据法律对他人的惩罚评估自己的行为，自觉遵守法律规定；但于当事人而言，行政处罚结果的公开会影响当事人的声誉甚至隐私权，对当事人的影响很大。在对当事人处罚结果的公开上有《中华人民共和国政府信息公开条例》（以下简称《政府信息公开条例》）的规定，其第二十条第六项规定的"实施行政处罚、行政强制的依据、条件、程序以及本行政机关认为具有一定社会影响的行政处罚决定"的情况，行政机关应主动公开。因此，一般主要从两个方面考量：一是社会危害性，根据社会危害性的大小判断是否公开以及公开的范围，如食品安全领域的行政处罚，因为违法行为的社会危害性很大，处罚结果就公开，公开的范围有大有小；二是违法行为的时间，突发事件发生期间的处罚就比常态下的处罚时间特殊，在特殊时期的处罚公开有助于威慑其他社会成员自觉守法。总之，行政处罚结果的公开目的有二：一是落脚点为监督行政机关依法；二是特殊时期的处罚结果公开可以促进普通公民、法人或者其他组织自觉守法。

三、处罚与教育相结合原则

（一）实施行政处罚并责令改正违法行为

政府法治影响着法治社会和法治国家的建设和发展，政府的依法办事、高效廉洁会对社会成员遵守法律、信仰法治进行塑造，对法治价值、法治精神和法治文化的积累产生影响。政府的执法活动是宣传和普及法律的重要渠道。依法办事就是“法治教育实践课”，落实“谁执法谁普法”的责任制，在适用法律中通过深刻理解法律的条款规定背后体现的法治精神和法治价值，在每一次执法活动中沉淀法治观念和法治文化，帮助相对人领会法治理念。在行政处罚的实施过程中，在对当事人违法行为进行处罚的同时，会伴有责令改正的要求，这是典型的处罚与教育相结合的实践，《行政处罚法》第二十八条第一款规定：“行政机关实施行政处罚时，应当责令当事人改正或者限期改正违法行为。”对当事人的违法行为并不是“一罚了之”，而是常常伴随着责令改正违法行为的教育，纠正其违法行为并让其认识到自己的问题，促使相对人以后不再违法，塑造良好的法治社会环境。

（二）可以不予行政处罚的，对当事人进行教育

处罚和教育相结合是有所偏重的，即重在教育。应根据当事人的年龄、责任能力、主观恶性、违法情节、社会危害程度、是否初犯等因素考量是否给予行政处罚。对违

法行为和危害后果轻微并及时改正的可以不予行政处罚，《行政处罚法》第三十三条第一段规定：“违法行为轻微并及时改正，没有造成危害后果的，不予行政处罚。初次违法且危害后果轻微并及时改正的，可以不予行政处罚。”在当事人有证据足以证明自己没有主观过错时，不予行政处罚。该条第三款明确指出“对当事人的违法行为依法不予行政处罚的，行政机关应当对当事人进行教育”。为强化处罚与教育相结合，提高社会对行政处罚的认可度，主要内容可归纳为：第一，增加首次违法可以不处罚，条件为初次违法且危害后果轻微并及时改正。第二，明确没有主观过错的不罚，规定当事人有证据足以证明没有主观过错，不予行政处罚。第三，修订后的《行政处罚法》第三十七条增加从旧兼从轻适用的规则，实施行政处罚适用法律从旧兼从轻。对当事人教育是指导行政处罚实施的重要原则。

（三）处罚与教育相结合，不能“以罚代教”和“以教代罚”

处罚与教育相结合，不能“以罚代教”，也不能“以教代罚”。行政处罚坚持处罚与教育相结合，既要对当事人违反法律秩序的行为进行处罚，更要通过执法部门的普法宣传进行教育，教育当事人遵守法律，沉淀社会的法治精神和文化。如果对当事人“以罚代教”不利于当事人改正违法行为、维持良好的社会秩序，更有可能产生行政机关以惩罚为目的的执法行为，引发当事人的抵触，损害行政机关公信力，破坏社会和谐稳定，对轻微违法者进行说服教育、劝诫也能起到防止和减少严重违法行为，降低社会危害性作用。同时也不能走向“以教代罚”的极端。行政处罚是行政机关有效行使行政管理职权的手段，没有了处罚的手段，在维持社会公共秩序方面就会软弱无力，对严重违法行为进行严厉查处、严厉打击，既是对违法者的惩戒，也是对潜在违法活动的警示。实施行政处罚应按照法律、法规和规章的规定，遵循公正公开的原则，过罚相当，依法进行。

四、权利保障原则

（一）陈述权和申辩权

陈述权和申辩权是公民、法人或者其他组织在行政处罚中享有的重要的程序性权利。陈述权是指当事人对行政机关拟作出的行政处罚决定提出事实、理由和证据的权利。申辩权是指当事人针对行政机关拟作出的行政处罚决定中的事实、理由、依据等提出疑问、质问和辩解的权利。行政处罚不得因当事人的陈述、申辩而给予更重的处罚；行政机关及其执法人员在作出行政处罚决定前，未依法向当事人告知拟作出行政处罚的内容及事实、理由、依据，或者拒绝听取当事人陈述、申辩的，不得作出行政处罚决定。本规定的目的在于通过当事人享有的程序性权利制约行政机关的权力行使，保障当事人实体权利的实现。

（二）行政救济权

“无救济则无权利”，有权利必有救济，行政救济权是当事人权益能够得到有效保障的前提。当事人对行政机关作出的减损其权益或增加其义务的惩罚行为不服的，有权依法申请复议或者提起行政诉讼。

（三）行政赔偿权

当事人因行政机关违法给予行政处罚受到损害，有权依法提出赔偿要求。行政处罚过程中存在行政机关及其执法人员在行政处罚的调查措施、强制措施以及强制执行中损害其权益的情形。新修订的《行政处罚法》第八十条和第八十一条规定了行政机关使用或者损毁查封、扣押当事人财物，违法实施检查措施或者执行措施，给公民人身或财产造成损害或者给法人及其他组织造成损失的应该依法赔偿。在行政赔偿方面，《中华人民共和国国家赔偿法》（以下简称《国家赔偿法》）是基本法，针对行政机关违法行为侵犯人身自由和侵犯财产权的赔偿范围、造成当事人权益损害的赔偿问题有明确规定。

第五节 行政处罚与其他法律责任的关系

我国法律责任制度包括刑事责任、民事责任和行政责任。当事人违反行政管理秩序的行为同时存在对他人权益造成损害的，则在承担行政责任的同时还应当依法承担民事责任。当事人的违法行为如果达到了犯罪的程度，则要依法追究刑事责任，按照刑事法律规定执行，不得以行政处罚代替刑事处罚。

一、违法行为对他人造成损害的应同时依法承担民事责任

当事人违反行政管理秩序受到行政处罚的行为可能同时也损害了第三人合法权益，在这种情况下，受害人可以通过民事法律关系寻求救济，当事人依法承担相应的民事责任。行政机关对当事人违反行政管理秩序的行政处罚与当事人因其行为造成他人权益损害应承担的民事责任，在责任上可同时承担，并不冲突，这是因为两种责任的性质完全不同，前者行政处罚是行政法上的责任，后者是平等主体之间的民事责任。不能因为给予行政处罚而免除或从轻、减轻民事责任，也不能因为承担民事责任而免除或从轻、减轻行政处罚。在行政处罚和民事赔偿问题方面，新修订的《行政处罚法》第二十八条第二款规定："当事人有违法所得，除依法应当退赔的外，应当予以没收……"这是行政处罚与民事赔偿受害人在违法所得方面的衔接，但是衔接不解决民事赔偿和没收的顺序问题，还需在实践中根据不同情况来区别对待。在行政处罚执行环节也有退

赔民事受害人的规定，即《行政处罚法》第七十四条第三款规定的除依法应当退还和退赔外，财政部门不得以任何形式向作出行政处罚决定的行政机关返还罚没款项。

二、违法行为构成犯罪的应依法追究刑事责任

行政处罚与刑事责任的承担不发生冲突，但是和行政处罚与民事责任的承担不同，行政处罚与刑事责任追究存在重责吸收轻责的情况。根据2011年《关于加强行政执法与刑事司法衔接工作的意见》，当事人的违法行为在给予行政处罚和追究刑事责任方面需要衔接，行政处罚实施机关与司法机关之间协调配合，建立健全案件移送制度，证据材料移交、接收衔接，以及案件处理信息通报机制。

一是违法行为涉嫌犯罪的，不能以行政处罚代替刑事处罚，应当及时移送司法机关处理，依法追究刑事责任。

二是依法不需要追究刑事责任或者免予刑事处罚，但应当给予行政处罚的，司法机关应当及时将案件移送有关行政机关，这是新修订的《行政处罚法》第二十七条第一款规定的内容，是对行政案件移送司法机关存在的不追究或者免予追究刑事责任但仍然追究行政责任情况的完善，即司法移回的回溯制度。

三是违法行为构成犯罪，根据《行政处罚法》第三十五条，人民法院判处拘役或者有期徒刑时，行政机关已经给予当事人行政拘留的，应当折抵相应刑期；违法行为构

成犯罪判处罚金的，行政机关已经给予当事人罚款的，应当折抵相应罚金，行政机关尚未给予当事人罚款的，不再给予罚款。这是司法优先原则的体现，即人民法院作出的已生效刑事判决优先，行政机关不应该对同一违法行为追加和刑罚性质相同或者类似罚种的处罚。理由如下：第一，行政处罚“一事不再罚”，罚款、罚金的折抵是对当事人的同一违法行为不能进行两次罚款精神的落实。第二，行政责任和刑事责任是单项递进的关系，是一般违法行为和严重违法行为的递进处罚关系，对一般违法行为进行行政处罚，严重违法行为构成犯罪的则予以刑罚，进入司法领域后，行政权不再介入，体现司法是最后一道防线的功能。第三，行政处罚和刑事处罚的主体都是国家机关，二者功能定位不同，行政处罚侧重财产罚和人身罚，刑罚侧重人身罚，这可能会导致行政处罚的罚金额度比司法刑事的额度更高，因为刑罚一般不靠罚金惩戒当事人，而是靠人身惩罚。如果当事人已经受到了较重的人身罚，再被行政主体处以较高的财产罚，就叠加了双重的公法责任，而且都是较重的公法责任，有违过罚相当原则。第四，法院判决之后行政机关再介入可能会打乱先后有序的制度安排，影响当事人对法律的预期。

四是不同罚则各自适用，第一种是先行政处罚后刑罚，《行政执法机关移送涉嫌犯罪案件的规定》第十一条规定："行政执法机关对应当向公安机关移送的涉嫌犯罪案件，不得以行政处罚代替移送。行政执法机关向公安机关移送涉嫌犯罪案件前已经作出的警告，责令停产停业，暂扣或者吊销许可证、暂扣或者吊销执照的行政处罚决定，不停止执行……"第二种是先刑罚后行政处罚，在刑事判决之后需要继续追究行为人行政责任的，行政机关应当以刑事裁判所认定的事实和证据为依据作出行政处罚。因"先刑后罚"的竞合情境具有自身的特性，在适用双重处罚时应当灵活把握"司法优先"原则。对于行政处罚和刑罚所具有的性质相近的处罚种类，即罚金与罚款，限制人身自由的刑罚与行政拘留，司法机关已经给予行为人刑事处罚的，行政机关不能再给予其同质行政处罚。基于行政违法自身的特殊性和行政领域法律法规所规定的特殊处罚方式，刑事处罚并不能当然地吸收或替代行政处罚。在行为人已经被判处刑罚后，行政机关认为需要依法追究行为人特定行政责任的，可以再给予其相应的行政处罚。刑罚是对违法行为最严厉的制裁，依照刑事处罚能够实现对犯罪行为制裁的效果。刑罚没有资格罚和行为罚，从有效制止和预防行为的角度，作出刑事判决后，允许行政机关采取不同于刑罚种类的行政处罚，主要是声誉和资格的处罚，不同罚则各自适用。

※ 本章练习题 ※

一、单选题

1. 某公安局以刘某引诱他人吸食毒品为由对其处以15日拘留，并处3000元罚款的处罚。刘某不服，向法院提起行政诉讼。下列哪项说法是错误的？（　　）

A. 公安局在作出处罚决定前传唤刘某询问查证，询问查证时间最长不得超过24小时

B. 对刘某的处罚适用听证程序

C. 刘某有陈述、申辩的权利

D. 如刘某为外国人，不适用我国《行政处罚法》

答案： D。

解析： 虽然《行政处罚法》第二条规定，行政处罚是指行政机关依法对违反行政管理秩序的公民、法人或者其他组织，以减损权益或者增加义务的方式予以惩戒的行为。刘某虽然不是我国公民，但是《行政处罚法》在第八十四条规定了外国人、无国籍人、外国组织在中华人民共和国领域内有违法行为，应当给予行政处罚的，适用本法，法律另有规定的除外。

2. 廖某在某镇沿街路边搭建小棚经营杂货，县建设局

下发限期拆除通知后强制拆除，并对廖某作出罚款 2 万元的处罚。廖某起诉，法院审理认为廖某所建小棚未占用主干道，其违法行为没有严重到既需要拆除又需要实施顶格处罚的程度，判决将罚款改为 1000 元。法院判决适用了下列哪一原则？（　　）

A. 行政处罚公开

B. 行政处罚公正

C. 处罚与教育相结合

D. 行政处罚法定

答案：B。

解析：实施行政处罚时，应以公正的观念对行为事实、性质、情节以及社会危害程度综合考虑是否需要给予行政处罚，以及给予怎样的行政处罚种类、幅度，保证行政处罚的公正性和正当性。

3. 某区公安分局以沈某收购赃物为由，拟对沈某处以 1000 元罚款。该分局向沈某送达了听证告知书，告知其可以在 3 日内提出听证申请，沈某遂提出听证要求。次日，该分局在未进行听证的情况下向沈某送达 1000 元罚款决定。沈某申请复议。下列哪项说法错误？（　　）

A. 该分局在作出决定前，告知沈某处罚的事实、理由和依据是行政处罚公开原则

B. 汪某曾收购与沈某同样产品和数量的赃物，被某区公安局没收赃物并处以3000元罚款，这一处罚决定违反公正原则

C. 该分局不进行听证违反行政处罚法定原则

D. 该罚款决定可以不要求责令当事人改正

答案：D。

解析：《行政处罚法》的处罚与教育相结合原则要求，实施行政处罚，纠正违法行为，应当坚持处罚与教育相结合，教育公民、法人或者其他组织自觉守法。《行政处罚法》第二十八条第一款规定行政机关实施行政处罚时，应当责令当事人改正或者限期改正违法行为。

4. 李某在交通行政部门设置“禁止停车”的特殊路段，在道路中间低速行驶并未靠路边停车，但被该路段的交通技术监控记录“停车”，故交通行政部门决定对其处以200元罚款，记3分。下列说法错误的是：（　　）。

A. 交通行政部门在特殊路段设置“禁止停车”的目的在于维护交通秩序、保持道路畅通，预防和减少交通事故

B. 在“禁止停车”的路段靠边停车是违法的，在道路中间停车更是违法的

C. 车辆是否靠边停车、驾驶员是否下车等情节是判断

临时停车是否合法需要考量的因素

D. 交通技术设备具有作出行政处罚的职能

答案：D。

解析：交通技术设备仅仅是通过技术手段记录违法行为，需要由交通民警根据技术设备记录的违法行为进行合法性分析后，作出是否进行行政处罚的决定。

5. 近日，有群众通过国务院“互联网+督查”平台反映，某地违规出台非税收入考核办法，向下辖乡镇（街道、开发区）下达非税收入任务，组织开展运动式执法，出现大面积大规模乱收费、乱罚款、乱摊派问题，引起企业和群众的不满。以下说法错误的是：（　　）

A. 违规提出将罚没收入与征收单位支出挂钩，并将罚没收入完成情况纳入乡科级领导班子和领导干部绩效考核，违反行政处罚的立法目的和原则

B. 对企业集中开展逐利式乱检查乱罚款，以“未对安全设备进行经常性维护、保养和定期检测”“未组织制定并实施本单位安全生产教育和培训计划”等为理由罚款，违反行政处罚公开原则

C. 案例中对企业集中开展乱检查和乱罚款，缺少必要的法律文书，处罚手续不完整，行政相对人可以拒绝接受

D. 要严格规范执法行为，杜绝任性执法、逐利执法，

坚决避免运动式执法乱象，持续整治乱收费、乱罚款、乱摊派，不得与民争利、扰民渔利，侵害企业合法权益

答案：B。

解析：乱检查、乱罚款违反的是行政处罚公正原则而不是公开原则。

二、简答题

1.《行政处罚法》第三条规定：行政处罚的设定和实施，适用本法。而《行政许可法》和《行政强制法》在设定和实施中规定适用本法之外，还规定了除外适用的内容。如何理解《行政处罚法》在行政处罚行为中的地位？

答案：第一，《行政处罚法》并未规定除外条款是为了突出其通用规范地位，如突发事件紧急处置在《行政处罚法》具体条文中，并未如同《行政强制法》规定除外规定。

第二，强调《行政处罚法》在行政处罚领域的“总则性”“通用性”地位的意义在于处理《行政处罚法》与特别法之间的关系。如果按照《立法法》第九十二条规定的“特别法优于一般法”“新法优于旧法”的处理原则，则无法凸显其基础性、总则性和优先性的特点。

第三，虽然司法实践中特别法和一般法往往结合适用，但是行政处罚的设定和行政处罚种类的辨明必须根据《行政处罚法》。

2. 如何理解处罚与教育相结合原则让行政执法“更有温度”？

答案：处罚与教育相结合是行政处罚的一项原则。

第一，它体现了行政处罚的两项基本目标，一是惩处，二是教育。

第二，行政处罚只是手段而不是目的，应当把处罚的手段与教育的目的结合起来，通过处罚或者其他方式教育公民遵守行政法律规范，了解立法目的，保护自己的合法权益，预防违法行为的发生。

第二章 行政处罚的种类和设定

※ 本章学习导读 ※

行政处罚的种类和设定是《行政处罚法》中相当重要的内容之一，在2021年1月修法前，关于行政处罚的种类和设定经历了充分的讨论。行政机关的某一行为是否属于行政处罚，属于哪一类行政处罚，对行政机关行政行为的合法性、行政程序乃至责任至关重要，也对公民、法人和其他组织合法权益保护至关重要。因此，学习和理解本章内容是掌握行政处罚精髓和要义的关键。对于实践中的行政管理措施，在认定性质上存在争议的，行政机关要依法及时予以解释答复或者提请有权机关解释答复。

第一节　行政处罚的种类

行政处罚的种类要与行政处罚的定义结合起来看。《行政处罚法》第二条规定，“行政处罚是指行政机关依法对违反行政管理秩序的公民、法人或者其他组织，以减损权益或者增加义务的方式予以惩戒的行为”。该规定的所有行政处罚的种类，都首先符合行政处罚的定义，具备行政处罚的基本特征，即行政处罚的主体是行政机关，对象是公民、法人或者其他组织，方式是减损权益或者增加义务，性质和目的是对违反行政管理秩序的行为予以惩戒。

我国的《行政处罚法》是第一部以某类行政行为作为规范对象的法律，体现了我国法治政府建设是以行政行为类型化为基础而推进的。1996年《行政处罚法》制定之时存在行政处罚滥设现象，为了对行政处罚予以规范，也对已生效施行的《行政诉讼法》和《行政复议法》予以回应，为法院审理行政诉讼案件、行政复议机关审查行政复议案件提供依据，也为行政机关依法行政提供法律依据，《行政处罚法》既对制度的具体内容作了规定，也对作出行政处罚的程序等作了规定，成为日后包括《行政许可法》和《行政强制法》在内的行政行为专门法律的范本。

一、警告、通报批评

第一类行政处罚是声誉罚，是对违法者的名誉、荣誉、信誉造成损害，或者影响其精神，以实现警示和惩罚的效果，又称为申诫罚或者精神罚。声誉罚适用于违法行为比较轻微、尚未造成严重后果的情形，目的是对行政相对人起到教育和惩戒的作用，防止其作出更为严重的违法行为，造成严重违法后果。法律、行政法规和地方性法规可以依法设定警告或者通报批评。

（一）警告

警告是大家较为熟悉的行政处罚种类之一，在单行法律、法规和规章中规定得最多，也是在规章层级可以在上位法没有设定的情况下设定的行政处罚。需要注意的是，此处规定的警告与日常生活中的口头批评、口头警告是有区别的，法定的行政处罚种类警告是指书面警告，是以书面形式对行政处罚作出决定并予以送达的形式。因为警告虽然比其他行政处罚惩罚力度要轻一些，但是也是正式的行政处罚，所以在行政处罚决定书中同样也要有行政处罚的事实、理由、法律依据，并告知行政相对人法律救济途径。

（二）通报批评

通报批评也是一类声誉罚。与警告相比，通报批评比警告多了一个通知其所在工作单位或者在一定范围内进一步公示的环节。比如《中华人民共和国审计法》第四十三条规定，被审计单位违反本法规定，拒绝或者拖延提供与审计事项有关的资料的，或者拒绝、阻碍检查的，由审计机关责令改正，可以通报批评，给予警告；拒不改正的，依法追究责任。

日常生活中常见的“通报批评”是在工作单位内部进行的，属于工作单位内部的管理措施，不是行政机关对行政相对人的惩戒措施，也不是行政处罚；如果是在行政机关内部对行政机关工作人员的“通报批评”，也不是行政处罚，而是内部管理措施。

二、罚款、没收违法所得、没收非法财物

这一类行政处罚在性质上属于财产罚，即对行政违法人的财产权利予以减损从而达到对违法行为予以惩戒的行政处罚类型。

（一）罚款

罚款是常见的行政处罚种类之一，几乎在所有的法律规范中都有规定，通过要求违法行为人履行一定的金钱给付义务，即在指定时间内缴纳一定数额的货币收缴入国库，给违法行为人造成财产上的直接损失，从而使其对违法行为形成正确认知，警示其日后不再重复违法行为。

从罚款的设定上来讲，首先，罚款作为财产罚，其设定主体也是最为广泛的，法律、法规和规章都有权予以设定，不过规章在创设时需受有关机关规定的数额限制。其次，罚款的数额与违法行为的情节的轻重、危害后果的严重程度是成正比的，以达到通过《行政处罚法》来惩戒行政违法行为的目的。最后，罚款的计算方法在设定中有三种主要方式：一是直接规定罚款数额，在绝大多数法律规范中都采用这种方法。有的是规定罚款的幅度，即规定罚款的最低额和最高额，供执法时行政机关根据案件具体情况来予以选择；有的是规定具体的罚款数额，没有可以选择的空间。二是根据违法所得的倍数来确定罚款的数额。法律规范不规定罚款的数额，而是将罚款金额与违法所得倍数联系起来确定。三是根据违法主体上一年度营业额的倍数来确定罚款的数额。这一种计算方法多见于对企业的罚款，而且在近年来新型违法处罚中更为常见，比如针对垄断、违反个人信息保护的处罚等。

从罚款的执行上来讲，我国《行政处罚法》有两项重要制度是具有创设性的。一是罚款的“收支两条线”制度，即负责作出罚款决定的行政机关与实际收缴罚款的行政机关是分离的，所有罚款除了现场执法的以外，都要缴纳到指定银行。如果是通过电子支付系统缴纳罚款，银行应再将罚款直接上缴国库。二是对当事人的同一个违法行为，不得给予两次以上罚款的行政处罚。同一个违法行为违反多个法律规范应当给予罚款处罚的，按照罚款数额高的规定处罚。

（二）没收违法所得

没收违法所得也是常见的行政处罚种类，对违法行为人因从事违法行为而获利需要在制度上就予以否定，没收违法所得在法理上具有正当性和必要性。实务中需要结合具体案情做出判断的是违法所得的计算方法。一是查处违法案件之后，行政违法行为有受害者，需要民事赔偿的，行政机关如果直接没收违法所得，受害者再寻求司法救济向违法者索赔，很多情况下已经没有可以执行的财产。行政处罚与民事赔偿之间的关系不应当是发生冲突的，违法所得没收后也是进入国库，从法律要保护的法益来讲，受害者的财产权优先得到保护，应当先退赔给受害者，然后再将剩余的违法所得没收国库。二是违法所得计算是否扣除成本。对此有两种意见，一种意见认为不应当扣除成本，因为行政处罚就是为了给违法者的财产权造成惩戒的后果，包括成本在内的违法所得即使数额巨大，也符合行政处罚的立法目的。另一种意见则认为违法所得不包括违法成本，因为成本不属于所得收益，应当予以扣除。违法所得的计算标准不仅关系到本类行政处罚的执行，而且关系到罚款金额的确定，特别是在罚款金额按照违法所得倍数来计算时，是否扣除成本造成的罚款金额的差别在很多情况下是巨大的。《行政处罚法》采纳了“扣除成本说”，但是也保留了例外规定，详细解释见本书第四章。

三、暂扣许可证件、降低资质等级、吊销许可证件

这一类行政处罚在性质上属于资格罚，即对违法行为

人所持有的资质许可予以暂扣和吊销，或者对资质等级予以降低。行政许可证件的种类包括许可证、执照或者其他许可证书，资格证、资质证或者其他合格证书，行政机关的批准文件或者证明文件，以及法律法规规定的其他行政许可证件。按照行政处罚的严厉程度依次表述，在资格罚中，暂扣为最轻的，吊销为最重的，居于中间的是降低资质等级。

（一）暂扣许可证件

暂扣许可证件，是对违法行为人所拥有的资质的限制，一般附有期限或者条件，是比声誉罚、财产罚更为严苛的行政处罚。暂扣许可证件和扣押财物不同，后者是行政强制措施，是依据《行政强制法》对违法行为采取的临时性措施，而前者是对资质许可的暂时性剥夺。如《中华人民共和国道路交通安全法》（以下简称《道路交通安全法》）第二十四条第一款规定，公安机关交通管理部门对累积记分达到规定分值的机动车驾驶人，扣留机动车驾驶证，对其进行道路交通安全法律、法规教育，重新考试；考试合格的，发还其机动车驾驶证。此处，“扣留机动车驾驶证”即属于暂扣许可证件的具体表现形式。

（二）降低资质等级

资质等级是企业在行业内专业水准、质量保障、人员队伍、良好信誉的综合评价，在现代市场经济中，资质等级含金量越来越高，企业在获取一定级别的资质等级以及申请更高级别的资质等级时往往都要满足相应的一系列条件，并履行相应的程序，付出资金、人员和时间的成本才有可能获得。比如，房地产开发企业资质按照企业条件分为一、二、三、四四个资质等级，分别对应其注册资本、从事房地产开发经营的时间、近三年房屋建筑面积累计竣工面积或者累计完成与此相当的房地产开发投资额、专业管理人员人数、业务负责人的职称和主要制度完备程度等基本条件。对于企业资质等级的降级，效果仅次于许可证件的吊销，往往对市场主体的后续经营活动有不小的影响，比如参与招投标和政府采购受限等。

（三）吊销许可证件

吊销许可证件是对行政相对人行政违法行为的惩戒，而且是针对严重违法的惩戒，相比较而言，是非常严厉的处罚，意味着剥夺了当事人从事许可证件所赋予的许可事项的活动权利，是一种对民事权利的剥夺。比如《中华人民共和国证券法》多个条文规定撤销任职资格或者证券从业资格。再如《中华人民共和国食品安全法》（以下简称《食品安全法》）第一百三十四条规定，食品生产经营者在一年内累计三次因违反本法规定受到责令停产停业、吊销许可证以外处罚的，由食品安全监督管理部门责令停产停业，直至吊销许可证。也就是说，如果行政相对人受到申诫罚和财产罚累计超过三次，则可能导致行为罚乃至资格罚。因此，资格罚这一类行政处罚在《行政处罚法》中是仅次于自由罚的，也是规范最为严格的，当事人如果申请听证，行政机关应当组织听证，听取当事人的陈述和申辩。

四、限制开展生产经营活动、责令停产停业、责令关闭、限制从业

这一类行政处罚属于行为罚，是对被处罚人的民事活动予以限制或者禁止的比较严厉的行政处罚。在一些法律中，这几种行为罚往往在法律责任中一并规定，根据情节和后果的严重程度可以选择适用，而且行为罚还常与资格罚一起适用，在行为罚不能制止被处罚人的违法行为时，可以继续采用更为严重的资格罚。比如《食品安全法》法律责任部分有多个条款都规定，情节严重的，责令停产停业，直至吊销许可证。

（一）限制开展生产经营活动

限制开展生产经营活动是介于责令停产停业和财产罚之间的一种行为罚，即对生产经营活动的类型和范围予以限制。从民事活动的原理来讲，个人和企业具有经营自主权，可以自行决定生产经营活动的时间界限和空间范围，但是如果从事违法活动，就有必要限制其活动。实务中常见的限制开展生产经营活动还有限制参加招投标和政府采

购、限制参与基础设施和公用事业特许经营、限制参与有关公共资源交易活动、限制发行企业债券及公司债券、限制注册非金融企业债务融资工具等，限制开展生产经营活动的规定多见于失信联合惩戒的相关文件中，对市场主体的影响很大。

（二）责令停产停业

责令停产停业是行政机关要求从事违法生产经营活动的公民、法人或其他组织停止生产、停止经营的行政处罚。比如，《幼儿园管理条例》第二十七条规定的停止招生、停止办园和《中华人民共和国环境噪声污染防治法》第五十二条规定的责令停业等。实务中对责令停产停业与停产停业整顿是否有区别存在争议，停产停业整顿不是一种单独的行政措施，而是应当按照行政处罚的要求来作出正式决定，鉴于此类处罚对市场主体影响巨大，应当严格把握适用条件，适当限缩适用范围。

（三）责令关闭

责令关闭是较为严厉的行政处罚种类之一，适用于严重违法行为，在不能通过限制生产经营活动和责令停产停业的严重情况下，可能会责令关闭。如《中华人民共和国安全生产法》第一百一十三条规定“生产经营单位存在下列情形之一的，负有安全生产监督管理职责的部门应当提请地方人民政府予以关闭……”。近年来互联网技术快速发展，网络空间的违法行为也屡禁不止，针对线上违法行为，法律法规规定了责令关闭，主管部门也加大了对违法行为的查处和打击力度。如《中华人民共和国网络安全法》规定了“关闭网站”“关闭用于实施违法犯罪活动的网站、通讯群组”的行政处罚。

（四）限制从业

限制从业是对公民个人行为的限制，即限制公民从事一定职业，如金融机构或生产经营单位董事、监事、高级管理人员，或者限制担任公务员。限制从业也是比较严厉的一类行政处罚，针对的是在行业内因严重违法行为而不宜再允许其进入本行业的情形，是针对公民个人作出限制。限制从业从时间上来讲包括两类：一类是一定时间内不得从事生产经营活动，一般为 5 年或者 10 年之内；另一类是终身禁止从事经营活动。

五、行政拘留

行政拘留是人身自由罚，是对违法行为人限制人身自由的行政处罚，是最为严厉的行政处罚。由于涉及人身自由，因此行政拘留的设定在《立法法》《行政处罚法》中有严格限定，只能由全国人大及其常委会制定的法律设定，而且只能由县级以上公安机关等法定机构来决定和执行。行政拘留通常适用于违反《治安管理处罚法》的行政违法行为，处以警告和罚款不足以惩戒违法行为人的，处以5日以下、5日以上10日以下、10日以上15日以下的拘留，行政拘留处罚合并执行的，最长不超过20日。对被决定给予行政拘留处罚的人，由作出决定的公安机关送达拘留所执行。在执行主体上，除了公安机关，国家安全机关根据《中华人民共和国国家安全法》的规定也可以作出行政拘留的处罚决定。需要注意的是，行政拘留和刑事拘留不同，刑事拘留是依照《中华人民共和国刑事诉讼法》的规定，采取的临时剥夺犯罪嫌疑人的人身自由的刑事强制措施。

六、法律、行政法规规定的其他行政处罚

除上述行政处罚种类外，《行政处罚法》明确规定法律和行政法规可以规定其他种类的行政处罚，这实际意味着地方性法规、规章均无权创设新的行政处罚种类。

第二节　行政处罚的设定

行政处罚依法设定是《行政处罚法》对行政处罚予以规范的重要手段，在我国这样一个采用单一制的国家，根据《中华人民共和国宪法》（以下简称《宪法》）和《立法法》，纵向上不同层级的权力机关和行政机关的立法权是逐级递减的，越低层级的人大和政府的立法权限越少。《行政处罚法》对法律、行政法规、地方性法规、部门规章和地方政府规章在行政处罚设定上的权限做了明确规定，而且对法规和规章补充设定行政处罚的程序也做了规定。《国务院关于进一步贯彻实施〈中华人民共和国行政处罚法〉的通知》再次强调，起草法律、法规、规章草案时，对违反行政管理秩序的公民、法人或者其他组织，以减损权益或者增加义务的方式实施惩戒的，要依法设定行政处罚，不得以其他行政管理措施的名义变相设定，规避行政处罚设定的要求。对上位法设定的行政处罚作出具体规定的，不得通过增减违反行政管理秩序的行为和行政处罚种类、在法定幅度之外调整罚款上下限等方式层层加码或者“立法放水”。

一、法律的设定权

我国《宪法》《立法法》对法律效力等级作了规定，《宪法》之下位阶最高的是全国人大及其常委会制定颁布的法律，法律效力高于行政法规、地方性法规、规章。

我国立法遵循法律优先和法律保留两大原则。“法律可以设定各种行政处罚”，就是法律优先原则的体现，其又称法律优位原则，是指与行政机关及其活动相比，法律具有优先地位，强调行政机关要服从法律。法律优先原则的含义即“上位法优于下位法”，人民代表选举的立法机关（权力机关）制定的法律规定要高于行政机关制定的规则。

“限制人身自由的行政处罚，只能由法律设定”就属于法律保留原则，而且是法律绝对保留。根据《立法法》第九条的规定，“有关犯罪和刑罚、对公民政治权利的剥夺和限制人身自由的强制措施和处罚、司法制度等事项”属于全国人大及其常务委员会绝对保留的立法事项，不得向其他任何国家机关授权。人身自由是重要的人身权利，也是其他权利的基础，丧失人身自由，就无法从事各类民事活动，也无法履行诸多权利。我国《宪法》规定公民的人身自由不受侵犯。对人身自由进行行政处罚、刑事处罚或者采取行政强制措施、刑事强制措施等，必须有法律依据。《行政处罚法》第九条规定的行政拘留仅是人身自由罚的一种，第十条规定的“法律可以设定各种行政处罚”，包括各种类型的人身自由罚，而且只能由法律设定。

二、行政法规的设定权

尚未制定法律的，行政法规可以设定除限制人身自由以外的行政处罚。此即创设权。法律对违法行为已经作出行政处罚规定，行政法规根据需要可以作出具体规定，但必须在法律规定的给予行政处罚的行为、种类和幅度的范围内规定。此即规定权。

2021 年《行政处罚法》修订又赋予行政法规补充设定权，即法律对违法行为未作出行政处罚规定，行政法规为实施法律，可以补充设定行政处罚。拟补充设定行政处罚的，应当通过听证会、论证会等形式广泛听取意见，并向制定机关作出书面说明。行政法规报送备案时，应当说明补充设定行政处罚的情况。

三、地方性法规的设定权

地方性法规是我国法律体系中重要的法律渊源，是指省、自治区、直辖市、设区的市的人民代表大会及其常务委员会根据本行政区域的具体情况和实际需要，在不同宪法、法律、行政法规相抵触的前提下所制定的法律规范。

依法行政和法治政府建设推进几十年来，行政处罚等滥设现象已经得到根本改观，同时，地方人大立法水平也得到长足进步，不断发展和变化的经济社会现象对地方立法提出更高要求，各地发展水平差异和情况不同也对地方立法提出要求，各地方需要根据本行政区域的实际情况作出具体规定，以保障地方治理的科学有效推进。2015 年《立法法》修改时，将过去 49 个较大的市才享有的地方立法权扩大至全国 284 个设区的市，同时规定设区的市制定地方性法规是对城市建设、市容卫生、环境保护等城市管理方面的事项予以立法。[①] 因此，对于赋予地方性法规行政处罚设定权的必要性和重要性没有争议，而赋予多大权

---

① 《关于〈中华人民共和国立法法修正案（草案）〉的说明——2015 年 3 月 8 日在第十二届全国人民代表大会第三次会议上》，载中国人大网，http：//www.npc.gov.cn/wxzl/gongbao/2015-05/07/content_ 1939099.htm，最后访问时间：2022 年 1 月 29 日。

力、如何规范其运行是重点关注的问题。

首先，地方性法规可以创设声誉罚、财产罚、吊销营业执照以外的资格罚和行为罚。其次，在法律、行政法规对违法行为已经作出行政处罚规定的情况下，地方性法规需要作出具体规定的，只能对法律和行政法规规定的进一步细化，是在法律、行政法规规定的给予行政处罚的行为、种类和幅度的范围内作出规定。这属于规定权。最后，此次《行政处罚法》新赋予地方性法规补充设定权，即法律、行政法规对违法行为未作出行政处罚规定，地方性法规为实施法律、行政法规，可以补充设定行政处罚。拟补充设定行政处罚的，应当通过听证会、论证会等形式广泛听取意见，并向制定机关作出书面说明。地方性法规报送备案时，应当说明补充设定行政处罚的情况。

四、部门规章的设定权

部门规章的设定权分为两种情况：

第一，法律和行政法规已有规定的，部门规章作具体规定。根据《立法法》和《规章制定程序条例》，国务院各部、委员会、中国人民银行、审计署和具有行政管理职能的直属机构，可以根据法律和国务院的行政法规、决定、命令，在本部门的权限范围内，制定规章。部门规章规定的事项应当属于执行法律或者国务院的行政法规、决定、命令的事项，对于行政处罚，也只能是在法律、行政法规规定的给予行政处罚的行为、种类和幅度的范围内作出具体规定。

第二，未制定法律、行政法规的，部门规章有一定的行政处罚的设定权。根据法律优先原则，没有法律或者国务院的行政法规、决定、命令的依据，部门规章不得设定减损公民、法人或者其他组织权利或者增加其义务的规范，不得增加本部门的权力或者减少本部门的法定职责。《行政处罚法》作为全国人大通过的法律，向部门规章直接授权，符合《立法法》和法律优先原则。而且部门规章对行政处罚的设定权，也必须符合《行政处罚法》的规定，即只能是有限的行政处罚种类，具体来讲包括两类：一类是声誉罚，即警告和通报批评。另一类是财产罚，而且只能是罚款，罚款也只能是一定数额的罚款，而限额由国务院规定。《国务院关于进一步贯彻实施〈中华人民共和国行政处罚法〉的通知》对罚款数额的设定做出更为明确的要求，一是尚未制定法律、行政法规的，国务院部门规章对违反行政管理秩序的行为，可以按照国务院规定的限额设定一定数额的罚款。部门规章设定罚款，要坚持过罚相当，罚款数额要与违法行为的事实、性质、情节以及社会危害程度相当，该严的要严，该轻的要轻。二是法律、行政法规对违法行为已经作出罚款规定的，部门规章必须在法律、行政法规规定的给予行政处罚的行为、种类和幅度的范围内规定。尚未制定法律、行政法规，因行政管理迫切需要依法先以部门规章设定罚款的，设定的罚款数额最高不得超过 10 万元，且不得超过法律、行政法规对相似违法行为的罚款数额；涉及公民生命健康安全、金融安全且有危害后果的，设定的罚款数额最高不得超过 20 万元；超过上述限额的，要报国务院批准。上述情况下，部门规章实施一定时间后，需要继续实施其所设定的罚款且需要上升为法律、行政法规的，有关部门要及时报请国务院提请全国人大及其常委会制定法律，或者提请国务院制定行政法规。该通知还要求国务院部门在修改部门规章时，要结合实际研究调整罚款数额的必要性，该降低的要降低，确需提高的要严格依照法定程序在限额范围内提高。

五、地方政府规章的设定权

地方政府规章的设定权也分为两种情况：

第一，法律、行政法规和地方性法规已有规定的，地方政府规章作具体规定，即只能是在法律、行政法规和地方性法规规定的给予行政处罚的行为、种类和幅度的范围内作出具体规定。需要注意的是，地方政府规章对行政处罚的设定权，还必须在《立法法》等法律赋予的地方立法权限之内，如设区的市、自治州政府制定的地方政府规章原则上限于城乡建设与管理、环境保护、历史文化保护等方面的事项。

第二，未制定法律、行政法规和地方性法规的，地方政府规章有一定的行政处罚的设定权。只能是有限的行政处罚种类，具体来讲包括两类：一类是声誉罚，即警告和通报批评。另一类是财产罚，而且只能是罚款，罚款也只能是一定数额罚款，而限额由省、自治区、直辖市人民代表大会常务委员会规定。各地人大常委会在《行政处罚法》1996 年通过后都曾规定各地限额，并根据情况作过多次调整和修改。

此外，国务院部门和省、自治区、直辖市人民政府及其有关部门应当定期组织评估行政处罚的实施情况和必要性，对不适当的行政处罚事项及种类、罚款数额等，应当提出修改或者废止的建议。《国务院关于进一步贯彻实施〈中华人民共和国行政处罚法〉的通知》专门对定期评估作出规定，要求国务院部门和省、自治区、直辖市人民政府及其有关部门要认真落实行政处罚定期评估制度，结合立法计划规划每 5 年分类、分批组织一次评估。对评估发现有不符合上位法规定、不适应经济社会发展需要、明显过罚不当、缺乏针对性和实用性等情形的行政处罚规定，要及时按照立法权限和程序自行或者建议有权机关予以修改、废止。

六、行政规范性文件不得设定行政处罚

行政规范性文件是各层级行政机关都有权制定的，针对不特定多数人颁布的具有普遍约束力的正式文件，其形式多样，难以计数。虽然不同层级的行政机关的行政规范性文件本身效力也有不同，但是不赋予行政规范性文件行政处罚设定权。在《行政许可法》《行政强制法》中也有类似规定，因此，规范性文件不仅不得设定行政处罚，也不得设定行政许可和行政强制等事项，不得违法减损公民、法人或者其他组织的合法权益或者增加其义务，侵犯公民人身权、财产权、人格权、劳动权、休息权等基本权利。

《国务院关于进一步贯彻实施〈中华人民共和国行政处罚法〉的通知》规定，要加强行政规范性文件合法性审核，行政规范性文件不得设定行政处罚；违法规定行政处罚的，相关规定一律无效，不得作为行政处罚依据。实践中，一些行政规范性文件设定的措施或者方法，虽然没有以《行政处罚法》所明确列举的行政处罚种类来明确表达，但是对公民、法人或者其他组织的合法权益造成损害的，应当根据具体情况按照《行政处罚法》第二条对行政处罚的定义并结合第九条对行政处罚种类的列举来作出判断并予以规范。

※ 本章练习题 ※

一、单选题

1.《中华人民共和国建筑法》规定，超越本单位资质等级承揽工程的，责令停止违法行为，处以罚款，可以责令停业整顿，降低资质等级；情节严重的，吊销资质证书；有违法所得的，予以没收。上述规定中，哪一项不是行政处罚？（　　）

A. 责令停止违法行为

B. 罚款

C. 责令停业整顿

D. 降低资质等级

E. 吊销资质证书

F. 没收违法所得

答案：A。

解析：责令停止违法行为，属于“责令改正”，不是具有惩戒性的行政行为，不是行政处罚。其他都是《行政处罚法》所规定的行政处罚种类。

2. 下列法律、法规规定的行为，哪一项不是行政处罚？（　　）

A. 《中华人民共和国海域使用管理法》规定的收回海域使用

B. 《中华人民共和国教师资格条例》规定的三年内不得再次参加教师资格考试

C. 《中华人民共和国学位条例》规定的撤销学位

D. 《中华人民共和国防洪法》规定的恢复原状或者采取其他补救措施

答案：D。

解析：A、B、C属于法律法规规定的其他类型的行政处罚，D是恢复原状和补救措施，不具有惩戒性，不是行政处罚。

3. 下列有关罚款和没收违法所得的表述，哪一项是正确的？（　　）

A. 罚款和没收违法所得是声誉罚

B. 所有罚款除了现场执法的以外，都要缴纳到指定银行

C. 对当事人的同一个违法行为，不得给予两次行政处罚

D. 罚款不能和没收违法所得同时作出

答案：B。

解析：A，罚款和没收违法所得是财产罚，警告和通

报批评是声誉罚。C，对当事人的同一个违法行为，不得给予两次以上罚款的行政处罚，而不是两次行政处罚。D，行政机关可以在作出罚款决定的同时，作出没收违法所得的决定。

4. 下列有关行政拘留的表述，哪一项是正确的？（　　）

A. 只有公安机关可以作出行政拘留的处罚决定

B. 行政拘留和刑事拘留不同，刑事拘留是依照《治安管理处罚法》和《中华人民共和国刑事诉讼法》的规定，采取的临时剥夺犯罪嫌疑人的人身自由的刑事强制措施

C. 行政拘留是针对处以警告和罚款不足以惩戒违法行为人的，处以5日以下、5日以上10日以下、10日以上15日以下的拘留

D. 行政拘留处罚合并执行的，最长不超过30日

答案：C。

解析：A，除了公安机关，可以作出行政拘留的决定的还有国家安全机关。B，依照《治安管理处罚法》采取的是行政拘留，不是刑事拘留。D，行政拘留处罚合并执行的，最长不超过20日。

5. 下列关于行政处罚的设定，哪一表述是错误的？（　　）

A. 法律可以设定各种行政处罚

B. 法规可以设定除限制人身自由以外的行政处罚

C. 国务院部门规章可以在法律、行政法规规定的给予行政处罚的行为、种类和幅度的范围内作出具体规定

D. 地方政府规章可以在法律、法规规定的给予行政处罚的行为、种类和幅度的范围内作出具体规定

答案： B。

解析： 法规包括行政法规和地方性法规，能够设定除限制人身自由以外的行政处罚是行政法规，而不包括地方性法规。

二、简答题

1. 请列举四种以上行政处罚中“行为罚”的种类。

答案： 限制开展生产经营活动；责令停产停业；责令关闭；限制从业。

2. 请简述地方性法规设定行政处罚需要满足哪些法定条件。

答案： 第一，地方性法规可以设定除限制人身自由、吊销营业执照以外的行政处罚。

第二，法律、行政法规对违法行为已经作出行政处罚规定，地方性法规需要作出具体规定的，必须在法律、

行政法规规定的给予行政处罚的行为、种类和幅度的范围内规定。

第三，法律、行政法规对违法行为未作出行政处罚规定，地方性法规为实施法律、行政法规，可以补充设定行政处罚。拟补充设定行政处罚的，应当通过听证会、论证会等形式广泛听取意见，并向制定机关作出书面说明。地方性法规报送备案时，应当说明补充设定行政处罚的情况。

第三章　行政处罚的实施机关

※ 本章学习导读 ※

《行政处罚法》关于行政处罚实施机关的规定，主要是解决谁能成为行政处罚实施主体的问题。“名不正则言不顺”，如果一个主体没有资格成为行政处罚的实施主体，则其所作出的“处罚决定”必然是违法无效的。因此，学习判断行政处罚行为的合法性，首先要掌握成为行政处罚实施机关的合法要件。此外，随着行政执法体制改革的深化，除了一般的行政处罚实施机关，还涌现出相对集中行使处罚权的机关、受托行使处罚权的机关、依据授权行使处罚权的机关等，对这些新型行政处罚实施机关如何进行法律规制，也是《行政处罚法》的重要课题，我们在学习《行政处罚法》关于行政处罚实施机关相关规定时也要一并掌握。

第一节　行政处罚实施主体的一般规定

《行政处罚法》第十七条规定："行政处罚由具有行政处罚权的行政机关在法定职权范围内实施。"这条规定尽管比较简短，但阐明了行政处罚实施机关的一般要件，即"行政机关""具有处罚权""法定职权范围内"三要件。

一、只有行政机关有权实施行政处罚

在我国，行政机关有狭义和广义之分。狭义的行政机关是指《宪法》规定的行政机关。《宪法》第八十五条规定，"中华人民共和国国务院，即中央人民政府，是最高国家权力机关的执行机关，是最高国家行政机关"；第一百零五条第一款规定，"地方各级人民政府是地方各级国家权力机关的执行机关，是地方各级国家行政机关"。因此，狭义的行政机关就是国务院和各级地方人民政府，包括乡镇人民政府。广义的行政机关则不仅指国务院和各级人民政府，也包括各级行政机关所属的工作部门、直属机构、特设机构、派出机关等行政机构，比如各级人民政府所属的部、委、办、厅、局以及地区行署、区公所、街道办事处等。一般来说，纳入广义行政机关的行政机构，应当具备以下两个要件：

首先，必须具有独立的行政单位法人资格，没有独立

的法人资格，就无法独立地承担法律责任，无法成为行政机关。看一个行政机构是否具有行政单位法人资格，比较方便的办法是看是否有编制管理机构颁布的《统一社会信用代码证书》（原《组织机构代码证》），在该证书上的机构性质应当属于“机关”。如果没有自己的《统一社会信用代码证书》，就不是独立的机关法人，不能成为行政机关。

其次，必须具有独立的行政编制，没有独立行政编制的行政机构不能成为行政机关。看是否具有行政编制，要看各级行政机关的“三定”方案即各类机构的职能配置、内设机构和人员编制规定，以及编制管理机构依据法律法规和党内法规作出的编制决定。如果没有“三定”方案和编制管理机构依法作出的决定规定其具有独立的行政编制，则不属于行政机关。

二、只有拥有行政处罚权的行政机关才能实施行政处罚

只有行政机关才能实施行政处罚，但不是所有的行政机关都能实施行政处罚。实施行政处罚的行政机关必须还拥有行政处罚权。所谓行政处罚权就是依法对特定的违反行政管理秩序的公民、法人或者其他组织，以减损权益或者增加义务的方式予以惩戒的权力。

从纵向看，一般只有县级以上人民政府及其相关部门等才有行政处罚权。在特殊情形下，省、自治区、直辖市可以决定将一些行政处罚权交由乡镇人民政府、街道办事处行使。从横向看，具体哪个行政机关具有何种行政处罚权，还要看法律法规和规章的规定。比如《单用途商业预付卡管理办法（试行）》第五条规定，商务部负责全国单用途卡行业管理工作，县级以上地方人民政府商务主管部门负责本行政区域内单用途卡监督管理工作。由此可见，有关单用途商业预付卡相关违法行为的行政处罚，由商务主管部门而非市场监管部门实施。

在实践中，根据中共中央办公厅和国务院办公厅颁布的《关于推行地方各级政府工作部门权力清单制度的指导意见》、国务院办公厅颁布的《关于印发国务院部门权力和责任清单编制试点方案的通知》及《国务院部门权力和责任清单编制试点方案》，行政处罚权应当明确地列入各级行政机关的权力清单。因此，看特定行政机关是否有行政处罚权，比较方便的方法就是查阅各级行政机关的权力清单。

第二节　相对集中行使处罚权

推进综合执法、实现相对集中行使处罚权，这是我国行政执法体制改革的重要内容。早在1996年制定的《行政处罚法》对此就有明确规定，2021年《行政处罚法》修订时，对相对集中行使行政处罚权制度又进行了完善，更加明确了相对集中形式行政处罚权的各项要件。

一、主体要件

《行政处罚法》第十八条第二款规定：“国务院或者省、自治区、直辖市人民政府可以决定一个行政机关行使有关行政机关的行政处罚权”。这条规定明确要求相对集中行使行政处罚权的主体必须为行政机关。这也就意味着受到委托的社会组织等不能成为相对集中行使行政处罚权的实施主体。

二、领域要件

相对集中行使行政处罚权应当是各项行政处罚权之间有一定联系，相对集中行使有利于发挥行政处罚的作用、有利于提高行政执法效率，也有利于公民法人或其他组织生产生活。《行政处罚法》第十八条第二款规定“国务院或者省、自治区、直辖市人民政府可以决定一个行政机关行使有关行政机关的行政处罚权”，这一条专门提出“行政机关行使有关行政机关的行政处罚权”，这里的“有关”就是指集中行使行政处罚权之间不能是毫无关联的，否则集中行使行政处罚权就不符合制度设计的初衷，甚至会导致产生负面效果。

根据《行政处罚法》第十八条规定，国家在城市管理、市场监管、生态环境、文化市场、交通运输、应急管理、农业等领域推行建立综合行政执法制度，相对集中行政处罚权。这一条点出了当前相对集中行使行政处罚权的重点领域，即“城市管理、市场监管、生态环境、文化市场、交通运输、应急管理、农业等领域”。

值得注意的是，《行政处罚法》在列举了七大综合行政执法领域之后使用了“等”字样，这里的“等”意味着可以实行集中行使行政处罚权领域不仅限于列举的这七个领域，其他领域在条件成熟后也可以实施综合行政执法改革、实现集中行使行政处罚权。《国务院关于进一步贯彻实施〈中华人民共和国行政处罚法〉的通知》指出：“有条件的地区可以在统筹考虑综合性、专业性以及防范风险的基础上，积极稳妥探索开展更大范围、更多领域集中行使行政处罚权以及与之相关的行政检查权、行政强制权。”可见，集中行使行政处罚权的范围还可以扩大。

三、程序要件

即使在上述列明的行政执法领域中，也不是自然而然地可以相对集中行使处罚权、组建相对集中行使行政处罚权的机关。《行政处罚法》第十八条还规定，国务院或者省、自治区、直辖市人民政府可以决定一个行政机关行使有关行政机关的行政处罚权。也就是说，相对集中行使行政处罚权，必须由国务院或者省、自治区、直辖市人民政府决定。市、县人民政府不能自己决定组建相对集中行使行政处罚权的机关。

此外，《国务院关于进一步贯彻实施〈中华人民共和国行政处罚法〉的通知》要求“省、自治区、直辖市人民政府要统筹协调推进综合行政执法改革工作，建立健全配套制度，组织编制并公开本地区综合行政执法事项清单”。可见，相对集中行使行政处罚权的具体事项和范围，应当列成清单向社会公开。

四、法律保留

《行政处罚法》第十八条还规定，限制人身自由的行政处罚权只能由公安机关和法律规定的其他机关行使。这就意味着相对集中行使行政处罚权不包括相对集中行使限制人身自由的行政处罚权。因为限制人身自由的行政处罚权只能由公安机关和法律规定的其他机关主要是国家安全机关行使。这条规定是法律保留原则的体现。

第三节　授权行使行政处罚权

《行政处罚法》第十九条规定“法律、法规授权的具有管理公共事务职能的组织可以在法定授权范围内实施行政处罚”，规定了授权行使行政处罚权的要件，具体如下。

一、谁能授权

根据《行政处罚法》第十九条规定，只有法律、法规才能授权。在我国，能够制定法律、法规的机关有全国人大及其常委会、国务院、省（自治区、直辖市）和设区的市（自治州）人大及其常委会，因此只有全国人大及其常委会、国务院、省（自治区、直辖市）和设区的市（自治州）人大及其常委会才能授权其他组织实施行政处罚。地方各级政府无权授权其他组织实施行政处罚。

二、谁能被授权

能够获得授权实施行政处罚的组织，必须为具有管理公共事务职能的组织。这里有以下要点需要强调：

第一，被授权实施行政处罚的组织不能是行政机关。如果有法律、法规依据，行政机关实施行政处罚权是依据《行政处罚法》第十七条，而不是第十九条。其立法的宗旨不是解决行政机关的职权问题，而是解决行政机关以外的其他组织的行政处罚实施权问题。因此，行政机关不能成为行政处罚实施权的授权对象。

第二，行政机关以外的其他组织必须具有管理公共事务的职能，才能被授权。如何判断一个组织是否具有管理公共事务的职能？对此仍然需要由法律、法规加以明确规定。比如，《中华人民共和国律师法》第四十六条规定，律师协会应当履行“保障律师依法执业，维护律师的合法权益”“组织管理申请律师执业人员的实习活动，对实习人员进行考核”“对律师、律师事务所实施奖励和惩戒”

等职责，因此律师协会就是具有管理公共事务职能的组织。因此，特定组织要想通过授权成为行政处罚实施主体，必须得到法律法规的“双重授权”，首先要有法律法规授权其具有管理公共事务的职能，其次还要有法律法规授权其实施具体的行政处罚。

三、通过何种方式授权

有权授权其他组织实施行政处罚的机关，也就是有权制定法律、法规的机关不可以一纸通知就实施授权，授权本身必须符合法定形式：

第一，必须通过制定（修改）法律、法规实施授权。有权制定法律法规的机关，必须通过制定（修改）法律、法规的方式实施授权。有权制定法律、法规的机关有权实施授权，但这个权力的行使也要依法。因此，合法的授权必须是规定在法律、法规之中，而不是法律、法规之外的规章或其他规范性文件。

第二，必须在法律、法规中通过具体条款明确授权。在司法实践中，诸多典型案例已经表明，行政处罚必须有法律、法规的具体明确依据。法律、法规、规章中将特定领域行政管理权概括性地授权给其他组织，不被视为行政处罚实施权的授权。授权应当在法律、法规中进行具体规定，即明确规定特定行政处罚实施权归由何组织实施。

四、被授权组织实施行政处罚的基本规则

首先，应当在法定授权范围内实施。尽管只有法律、法规才能授权其他组织实施行政处罚，但是这里的“法定授权范围”不仅指法律、法规限定的范围，也包括规章限定的范围。因为有一些行政处罚权是规章设定的，而法律、法规可以授权其他组织实施此类行政处罚。

其次，应当以自己的名义实施行政处罚。被授权实施行政处罚的组织，应当以自己的名义实施行政处罚。因为法律、法规的授权，本身具有创设性，其将权力授予其他组织，也就意味着这些组织自己拥有了行政处罚实施权。对自己拥有的行政处罚实施权，就要以自己的名义实施。

最后，应当独立承担实施行政处罚的法律后果。以自己的名义实施、自己承担责任，是“一个硬币的两个方面”，相辅相成。被授权实施行政处罚的组织，如果在实施过程中侵犯了公民、法人或其他组织的权益，被提起行政复议或行政诉讼，也要以自己的名义独立参加行政复议和行政诉讼，独立承担复议和诉讼的法律后果。根据《最高人民法院关于适用〈中华人民共和国行政诉讼法〉的解释》第二十条的规定，被授权组织超出法定授权范围实施行政行为，当事人不服提起诉讼的，应当以实施该行为的机构或者组织为被告。

第四节　委托行使行政处罚权

根据《行政处罚法》第二十条、第二十一条的规定，委托行使行政处罚权应当符合以下要件。

一、谁能委托

不是所有的组织都能委托其他组织实施行政处罚，能委托其他组织实施行政处罚的，必须具备以下要件：

（一）必须是行政机关

只有行政机关才能委托其他组织实施行政处罚，除了行政机关，行政机关内设机构、派出机构、经法律法规授权实施行政处罚的组织等，都无权委托其他组织实施行政处罚。

（二）必须是拥有行政处罚实施权的行政机关

不是所有的行政机关都拥有行政处罚实施权。自己没有行政处罚实施权的行政机关，自然也无权委托其他组织实施行政处罚。这里的“拥有行政处罚实施权”是指经过法律、法规的规定，自身具有行政处罚实施权的行政机关，不是经过授权拥有行政处罚实施权的机关。因此，基于法律、法规授权拥有行政处罚实施权的行政机关内设机构、派出机构，无权将自己的行政处罚实施权委托给其他组织实施。

二、谁能被委托

被委托的组织必须是符合《行政处罚法》第二十一条规定的组织，要具备如下要件：

（一）依法成立并具有管理公共事务职能

受托组织应当依法成立，并具有管理公共事务职能。

值得注意的是，这是两个并列的条件，不是一个条件。考虑到特定组织具有管理公共事务的职能，也都是依法确定的，因此包含两个“依法”：一是必须依法成立；二是必须依法具有管理公共事务的职能。所依之“法”应该包括法律、法规、规章。此外，原《行政处罚法》规定为“依法成立的管理公共事务的事业组织”，2021 年修订删去了“事业组织”的限定，意味着不仅事业单位可以成为委托实施行政处罚的受托方，其他依法成立的管理公共事务的组织也可以在有法律、法规、规章依据的情况下成为委托实施行政处罚的受托方，其中应当包含行政机关和非事业单位属性的行业协会、社会团体等。

（二）有熟悉有关法律、法规、规章和业务并取得行政执法资格的工作人员

关于受托组织人员资格，需要具备两个要件，即“熟悉有关法律、法规、规章和业务的工作人员”和“取得行政执法资格的工作人员”，二者是并列关系，其核心在于有“取得行政执法资格的工作人员”。值得注意的是，要求受托方有“取得行政执法资格的工作人员”，隐含一个要件，即有符合受托实施行政处罚所必备的“取得行政执法资格的工作人员”，如果一个受托组织拥有的“取得行政执法资格的工作人员”和其所接受委托的执法任务不相适，则不应当被认为符合该规定的要求。

（三）应当有条件组织进行相应的技术检查或者技术鉴定

关于受托方技术能力的要求，原《行政处罚法》相应规定为“对违法行为需要进行技术检查或者技术鉴定的，应当有条件组织进行相应的技术检查或者技术鉴定”。2021 年《行政处罚法》的修订删除了“对违法行为”的限定，更加科学合理。从实践中看，将行政处罚中技术性较强的工作委托给专业机构完成，是建立委托实施行政处罚制度的主要初衷之一。值得注意的是，这里所说的技术能力，必须是受托组织自己具备相应的技术能力，可以自主实施相关技术检查和技术鉴定。受托组织不能再将相关技术工作委托给其他专业机构，因为这样就违反了“禁止转委托”的规则。

三、依据何种依据委托

有权委托其他组织实施行政处罚的机关，也不是想委托就委托，必须有法律、法规和规章的依据。这里的“有法律、法规和规章的依据”，应当是法律、法规和规章中明确授权有关行政机关可以将行政处罚实施权委托给其他机关行使。比如，《中华人民共和国基本医疗卫生与健康促进法》第九十四条规定，“县级以上地方人民政府卫生健康主管部门及其委托的卫生健康监督机构，依法开展本行政区域医疗卫生等行政执法工作”。根据该条规定，县级以上人民政府有权委托卫生健康监督机构实施相关行政处罚。

四、以何种方式委托

根据《行政处罚法》第二十条的规定，有权机关委托其他组织实施行政处罚，必须满足以下形式要件：

首先，原则上应当通过书面委托方式委托。《行政处罚法》第二十条要求委托实施行政处罚必须有委托协议，但没有明确是否必须签订书面委托协议。《国务院关于进一步贯彻实施〈中华人民共和国行政处罚法〉的通知》明确要求“委托行政处罚要……严格依法采用书面委托形式”，“不符合书面委托规定、确需继续实施的，要依法及时完善相关手续”。书面委托书就是书面委托协议，是记录委托主体和受托方之间的委托关系的书面形式。这里的“书面”不仅仅指“纸面”，电子协议等方式也是书面。这里强调“书面”的核心要旨是禁止口头委托。

其次，书面委托书必须载明委托的具体事项、权限、期限等内容。书面委托书中对具体事项、权限、期限三要素的载明，是书面委托书的法定必备要件，不具备这三要素的委托书无效。书面委托书对具体事项、权限、期限三要素的载明，必须具体、明确，最大限度地减小模糊空间。记载严重模糊的，视为没有记载。因为本条在列举了具体事项、权限、期限三要素之后采用了“等”字，意味着委托书中必须载明的事项也不仅仅是具体事项、权限、期限三要素。新的要素有赖于执法与司法实践的进一步探索。一般认为，与具体事项、权限、期限三要素法律地位类似的其他要素，也必须载明，比如委托方和受托方。

再次，委托书应当公开，委托行政机关和受委托组织应当将委托书向社会公布。这一规定有两个要点：一是委托方和受托方都有义务公开委托书，不仅仅乙方有义务，双方均有义务；二是公开的范围是“社会”，不能仅仅向利害关系人公开，而要向全社会公开。

最后，委托书应当备案。《国务院关于进一步贯彻实施〈中华人民共和国行政处罚法〉的通知》明确要求“委托行政机关要向本级人民政府或者实行垂直管理的上级行政机关备案委托书，司法行政等部门要加强指导、监督”，要求实行委托书备案制度，委托书应当向委托方所属的本级人民政府备案，本级人民政府司法行政部门要加强监督指导；委托方属于实行垂直管理的机构的，委托书要向实行垂直管理的上级机关备案，上级机关司法行政部门要加强指导和监督。

五、委托的法律后果

有权机关将行政处罚实施权委托给受托组织实施，并不意味着行政处罚实施权的移转，受托组织并不会因为接受委托拥有行政处罚实施权。因此，委托关系呈现如下特点：

第一，受托组织不能以自己的名义实施行政处罚，只能以委托方的名义实施行政处罚。因为受托组织没有获得行政处罚的实施权，所以不能以自己名义实施行政处罚。受托组织相当于委托机关“四肢”的延伸，行政处罚实施权的“大脑”和“心脏”仍旧在委托方。

第二，委托方就受托组织在实施行政处罚过程中的行为承担法律后果，受托方不直接承担受托实施行政处罚过程中行为的法律后果。但根据委托书和委托协议，委托组织在承担法律责任之后，可以根据委托书和委托协议向受托组织追偿。

第三，委托方在行政复议和行政诉讼中成为行政复议被申请人和行政诉讼被告。《行政诉讼法》第二十六条规定，“行政机关委托的组织所作的行政行为，委托的行政机关是被告”。受托组织不以自己名义实施行政处罚、不直接承担实施行政处罚过程中行为的法律后果，自然不适合担任行政诉讼被告和行政复议的被申请人。在行政复议和行政诉讼中，被申请人和被告只能是委托方。

六、禁止“转委托”

所谓“转委托”，是指受托方将委托事项再次委托给第三方的行为。无论在民法还是行政法领域，“转委托”都受到严格控制。因为委托关系是基于委托方对受托方的信任产生的法律关系，受托方将委托事项再次委托给第三方会使得委托方的信任落空。在行政法领域，这种委托关系涉及国家行政权的行使，更要慎重。因此《行政处罚法》明确规定，受托组织不得再委托其他组织或者个人实施行政处罚。

七、对受托方的监督

在行政处罚实施权的委托关系中，一方面受托方成为行政处罚实施主体，另一方面受托方又不直接承担行政处罚实施过程中的法律后果。因此，必须加强对受托方的监督。加强对受托方监督的主体，首先就是委托方。毕竟委托方是受托方实施行政处罚行为的法律后果的直接承受者。因此，《行政处罚法》明确规定，委托行政机关对受委托组织实施行政处罚的行为应当负责监督。

※ 本章练习题 ※

一、单选题

1. 以下哪个组织不能成为行政处罚的实施主体？（　　）

A. 北京市人民政府　　B. 北京市教育局

C. 北京市公安局海淀分局　　D. 北京市人民检察院

答案：D。

解析：北京市人民检察院不是行政机关，而是司法机关，不能成为行政处罚实施主体。

2. 下列哪个机构不属于内设机构？（   ）

A. 浙江省生态环境厅自然生态保护处

B. 北京市公安局海淀分局

C. 南京市市场监督管理局法规处

D. 教育部高等教育司

答案：B。

解析：北京市公安局海淀分局不是内设机构，而是具有行政主体资格的行政机构。

3. 下列哪个不是实行相对集中行使行政处罚权的必备要件？（   ）

A. 相对集中行使的行政处罚权之间具有相关性

B. 省级以上人民政府决定相对集中行使行政处罚权

C. 有法律、法规明确依据

D. 相对行使行政处罚权的机关是行政机关

答案：C。

解析：相对集中行使行政处罚权属于行政执法改革范畴，无须法律、法规明确依据。只要不违反法律、法规的规定即可。

4. 下列哪个主体不能依据委托实施行政处罚？（   ）

A. 行政机关

B. 自然人

C. 行业协会

D. 事业单位

答案：B。

解析：自然人不能被委托成为行政处罚的实施主体，被委托实施行政处罚的主体只能是依法成立且具有管理公共事务职能的组织。

5. 下列哪个关于委托实施行政处罚的说法是不准确的？（　　）

A. 委托主体限于依法成为行政处罚实施机关的组织

B. 委托主体与受托主体之间必须有委托书

C. 受托主体委托书必须向全社会公布

D. 受托主体接受委托后不能再次将受托事项委托其他组织处理

答案：A。

解析：只有行政机关有权成为委托主体。依法成为行政处罚实施机关的组织范围比行政机关大，不仅包括行政机关，也包括依据法律、法规授权的其他组织。依据法律、法规授权的其他组织不得将行政处罚再委托给其他组织行使。

二、简答题

1. 简要回答行政处罚实施机关的主要类型。

答案：行政处罚实施机关的主要类型包括：第一，行政机关：具有行政处罚权和独立法人资格的行政组织，主要包括各级人民政府及其职能部门。第二，授权组织：依据法律、法规授权实施行政处罚的组织。第三，受托组织：依法得到委托实施行政处罚的组织。

2. 简述授权实施行政处罚和委托实施行政处罚之间的差异。

答案：第一，权力来源不同。授权实施行政处罚的权力来源是法律、法规，委托实施行政处罚的权力来源是行政机关。

第二，实施处罚的名义不同。被授权组织可以以自己的名义实施行政处罚，被委托组织只能以委托主体名义实施行政处罚。

第三，法律责任归属不同。被授权组织实施行政处罚的法律责任由被授权组织承担，被委托组织实施行政处罚的法律责任由委托主体承担。

第四章　行政处罚的管辖与《行政处罚法》的适用

※ 本章学习导读 ※

行政处罚的管辖包括级别管辖、地域管辖、职能管辖、管辖权的下沉、管辖权争议解决、职务协助。新《行政处罚法》在管辖权的下沉、管辖权争议解决、职务协助方面作出了新的规定。在行政处罚程序与刑事司法程序的衔接方面，2021 年的修订规定了双向衔接制度。在行政处罚的违法行为纠正和违法所得计算方面，2021 年的修订明确不能因违法行为获利的原则，并对违法所得作出界定。行政处罚的适用包括：一事不再罚、行政处罚的责任能力、法定情节的适用、行政处罚的裁量基准、行政处罚的折抵、追罚时效等。

第一节　行政处罚的管辖

行政处罚管辖权解决的是具体由哪个行政机关行使行政处罚权的问题。行政处罚管辖权与行政处罚权的区别在于，两者分别解决不同性质的权力归属问题，后者解决的是哪个行政管理部门有行政处罚职能的问题，是职能管辖的体现。

行政处罚管辖权的确定，需要在纵向和横向两个层面上确定最终有权行使行政处罚管辖权的具体机关。在纵向上需要明确行政处罚实施机关的级别，是级别管辖的体现；在横向上需要明确行政处罚实施机关的具体地点，是地域管辖的体现。职能管辖是地域管辖的前提，是职权法定原则的要求。行政机关有行政处罚权是确定行政处罚管辖权的前提，管辖权是行政处罚权的进一步落实。

一、地域管辖

（一）地域管辖的概念

地域管辖是指根据行政机关的管理区域确定其实施行政处罚权的地域范围，是横向划分同级人民政府之间及其所属部门在各自管辖区内实施行政处罚的权限分工，解决的是行政处罚权的“块块划分”问题。行政处罚地域管辖解决的是同级行政机关在各自管辖区域内行政处罚权的横向配置问题。

（二）地域管辖的原则与例外

1. 地域管辖的一般原则

地域管辖以违法行为发生地为一般原则。“违法行为发生地”是《行政处罚法》确立行政处罚地域管辖的一般原则。以违法行为发生地作为确定地域管辖的连接点考虑了下列三方面因素：一是违法行为发生地是违法活动的核心环节，把握违法行为发生地符合查处违法活动的一般规律，有利于有效打击违法活动；二是调查取证一般都发生在违法行为发生地，有利于降低执法成本，提高执法效率；三是我国行政管理一般都遵循属地管辖原则，有利于行政处罚执法体制的上令下达与各司其职。

所谓违法行为发生地的核心是行为发生地或行为实施地。违法行为发生地适用起来范围较广，既包括实施违法行为地也包括危害结果发生地，它囊括了行为人实施行政违法行为的全过程，无论违法行为人在其实施违法行为的哪个阶段被发现，都可以立即依法就地给予行政处罚。具体而言，违法行为发生地包括违法行为的实施地以及开始地、途经地、结束地等与违法行为有关的地点；违法行为有连续、持续或者继续状态的，违法行为连续、持续或者继续实施的地方都属于违法行为发生地。

2. 特殊地域管辖

除了一般地域管辖，法律、行政法规、部门规章有权对其他地域管辖的连接点进行设定。2021 年《行政处罚法》的修订将地域管辖的设定权扩大到了部门规章。部门规章能够有效回应行政处罚执法实践在各个执法领域的迫切需求，并充分兼顾行政执法的合理性，作出适合不同执法领域的具体规定。

（1）公安行政处罚

在公安行政处罚案件中，《公安机关办理行政案件程序规定》第十条第二款在行政处罚地域管辖的连接点上也作出广义规定，将特殊地域管辖的连接点扩大至违法行为地，“违法行为地包括违法行为发生地和违法结果发生地。违法行为发生地，包括违法行为的实施地以及开始地、途经地、结束地等与违法行为有关的地点；违法行为有连续、持续或者继续状态的，违法行为连续、持续或者继续实施的地方都属于违法行为发生地。违法结果发生地，包括违法对象被侵害地、违法所得的实际取得地、藏匿地、转移地、使用地、销售地”。

（2）网络行政处罚

在网络行政处罚案件中，国家网信办的部门规章已经作出探索。《互联网信息内容管理行政执法程序规定》属于国家互联网信息办公室制定的部门规章，该规定第六条对“违法行为发生地”的连接点作出规定，“行政处罚由违法行为发生地的互联网信息内容管理部门管辖。违法行为发生地包括实施违法行为的网站备案地，工商登记地（工商登记地与主营业地不一致的，应按主营业地），网站建立者、管理者、使用者所在地，网络接入地，计算机等终端设备所在地等”。该规定以违法行为发生地为基本原则，考虑到网络违法行为的特点，将违法行为发生地进行扩大解释，其连接点包括：实施违法行为的网站备案地，工商登记地，网站建立者、管理者、使用者所在地，网络接入地，计算机等终端设备所在地等。

（3）海关行政处罚

在海关行政处罚案件中，《中华人民共和国海关行政处罚实施条例》第三条第一款规定：“海关行政处罚由发现违法行为的海关管辖，也可以由违法行为发生地海关管辖。”

（4）船舶登记行政处罚

《中华人民共和国船舶登记条例》第五十三条规定：“违反本条例规定，使用他人业经登记的船舶烟囱标志、公司旗的，由船籍港船舶登记机关责令其改正；拒不改正的，可以根据船舶吨位处以本条例第五十条规定的罚款数额的10%；情节严重的，并可以吊销其船舶国籍证书或者临时船舶国籍证书。”

二、级别管辖与职能管辖

（一）级别管辖的概念

行政处罚由县级以上地方人民政府具有行政处罚权的行政机关管辖。

就级别管辖而言，“县级以上地方人民政府”是《行政处罚法》在制定之初就已经确定下来的级别管辖秩序。县级以上地方人民政府、机构设置较为完善，已经形成较为成熟的执法条件，执法综合能力较强，执法专业性有一定保证，执法人员具有良好的专业素质、执法经验和技能，能够较好地完成行政执法工作。维持已经形成的行政执法秩序，对保持《行政处罚法》的安定性至关重要。

（二）职能管辖的概念

就职能管辖而言，“具有行政处罚权的行政机关”表明行政处罚的实施机关应当根据职权法定的原则首先获得行政处罚权这项职能。无论是地域管辖还是级别管辖，职权法定是管辖权确定的基本前提。行政处罚权的权力来源应当具有合法性和正当性，这也是行政处罚法定原则的基本要求。根据行政处罚法定原则，行政处罚的实施主体法定。一般情况下，只有县级以上地方人民政府才能依法获得行政处罚的级别管辖权。在例外情形下，有权实施行政处罚的主体还包括通过执法权下移取得级别管辖权的街道和乡镇。

（三）级别管辖与职能管辖的例外

2021年修订的《行政处罚法》将“法律、行政法规另有规定的除外”改为“法律、行政法规另有规定的，从其规定”。该处内容的修改进一步明晰了行政处罚级别管辖在例外情形下如何适用法律的问题，即其他的法律、行政法规如果对行政处罚的级别管辖作出其他规定，要优先适用这些规定。规章没有权力作出除外规定。

在一般情况下，县级以上地方人民政府有行政处罚权的行政机关有权作出行政处罚，特殊情况下级别管辖的秩序要根据法律、行政法规的规定来确定。《中华人民共和国税收征收管理法》第七十四条规定，本法规定的行政处罚，罚款额在两千元以下的，可以由税务所决定。《公安机关办理行政案件程序规定》第十三条规定，“行政案件由县级公安机关及其公安派出所、依法具有独立执法主体资格的公安机关业务部门以及出入境边防检查站按照法律、行政法规、规章授权和管辖分工办理，但法律、行政法规、规章规定由设区的市级以上公安机关办理的除外”。

三、行政处罚权下移：街道和乡镇行使行政处罚权

一般情况下，县级以上地方人民政府具有行政处罚权的行政机关才有管辖权。新法还对行政处罚权下移作出了规定，属于级别管辖和职能管辖的例外。原《行政处罚法》关于行政处罚级别管辖的规定，并未赋予街道和乡镇

行政执法权。2021 年修订的《行政处罚法》顺应基层行政执法体制改革的需要，明确街道和乡镇在符合一定条件的情况下可以成为行政处罚的实施机关，有利于发挥地方积极性，有利于行政执法权限和力量向基层延伸，有利于加强基层政权建设，完善基层政府功能。

（一）有权决定行政处罚权下移的主体

有权决定行政处罚权下移的主体是省、自治区、直辖市，但未对决定形式作出明确、统一的规定，省、自治区、直辖市可以政府规章或决定的形式对行政处罚权的下移作出安排，也可以通过地方性法规或地方人民代表大会的决定等形式对此作出规定。

（二）行政处罚权下移的条件

行政处罚权下移应当同时满足两个条件：一是只限于县级人民政府部门的行政处罚权，二是基层管理迫切需要的行政处罚权。基层管理迫切需要解决的执法问题一般主要集中在市容环境、市场监管、社会治安、民生事业等领域。为了避免行政处罚权随意下移及下移后的管理混乱问题，在下移的程序方面要做到两次“评估”。第一次评估是事前评估，即省、自治区、直辖市要对当地的实际情况作出事前评估，包括下移的必要性、合理性、合法性的评估，尤其需要同时满足“基层迫切需要”和“有效承接”两个要素。在下移行政处罚权后，并非一放了之，还需进行第二次评估，对承接情况进行“回头看”。行政处罚权下移对省、自治区、直辖市提出基本程序要求，即省、自治区、直辖市应当对下移的行政处罚权的决定进行公布，对该权力下移的实施状况定期组织评估。

（三）行政处罚权下移后的职责分配

承接行政处罚权的乡镇人民政府、街道办事处应当具备有效承接的能力，具备完备的执法机构，专业的执法队伍，完善的执法程序制度。为了保证承接的有效性，承接主体还应当加强执法能力建设，按照规定范围、依照法定程序实施行政处罚。

执法权下移后的执法监督工作由有关地方人民政府及其部门具体负责，职责包括：应当加强组织协调、业务指导、执法监督，建立健全行政处罚协调配合机制，完善评议、考核制度。

第二节　管辖权争议的解决与职务协助

一、管辖权争议的解决

《行政处罚法》第二十五条对管辖权争议的解决作出了规定，“两个以上行政机关都有管辖权的，由最先立案的行政机关管辖。对管辖发生争议的，应当协商解决，协商不成的，报请共同的上一级行政机关指定管辖；也可以直接由共同的上一级行政机关指定管辖。”

（一）管辖权争议的含义

管辖权争议包括积极的管辖权争议即争夺管辖权，也包括消极的管辖权争议，即推诿管辖权或者管辖权不明确。《行政处罚法》对管辖权争议的处理作出明确规定。对于积极的管辖权争议，采取了先行立案的规则确定管辖权。对于消极的管辖权争议，争议主体可以通过协商确定管辖权的归属。最后，仍无法达成协议的，由共同的上一级行政机关指定管辖。

（二）管辖权争议解决的程序

当两个以上的行政机关都有行政处罚案件的管辖权时，应当按照以下顺序确定管辖权的归属。首先，依据先行立案规则，谁先立案，谁有管辖权。其次，根据协商确定管辖权规则，在无法确定先立案的行政机关，或者行政机关均未立案，或者行政机关均认为自己没有管辖权时，争议主体可以通过协商确定管辖权的归属。最后，仍无法达成协议的，由共同的上一级行政机关指定管辖。

二、职务协助

（一）职务协助的概念

行政处罚实施中的职务协助制度是行政处罚制度发展和完善的重要探索，其对于整合行政资源、提高行政效率和行政质量具有重要意义。行政处罚中的职务协助是指

"行政机关因实施行政处罚的需要，可以向有关机关提出协助请求。协助事项属于被请求机关职权范围内的，应当依法予以协助"。

（二）职务协助的主体

行政处罚实施中的职务协助由行政机关向其他机关提出，请求主体限于行政机关，不包括被授权组织。被请求主体不包括被授权组织、受托组织，但《行政处罚法》并未将其他国家机关排除在被请求主体之外。

（三）请求职务协助的情形

请求协助是请求机关实施行政处罚的权力。请求职务协助的情形为"行政机关因实施行政处罚的需要"。例如《中华人民共和国海警法》第五十九条规定，"海警机构因开展海上维权执法工作需要，可以向有关主管部门提出协助请求。协助请求属于有关主管部门职责范围内的，有关主管部门应当配合"。

从地方立法的实践经验来看，有专门规定行政执法程序的地方性法规将行政执法请求协助的情形归纳为如下条件：单独行使行政执法权不能实现行政管理目的，不能通过自行调查取得所需资料的；所需要的文书、资料、信息为其他行政执法机关所掌握，难以自行收集的；需要请求行政执法协助的其他情形。请求协助的事项属于协助机关职权范围内的，协助机关有义务依法予以协助。

（四）职务协助的程序

对行政处罚职务协助中的程序，《行政处罚法》没有具体规定。一般情况下，实施行政执法协助的，请求机关应当向被请求协助的机关发出协助函。遇突发事件或者不可抗力等紧急情况，请求机关可以口头告知需要协助的事项和要求，并在紧急情况消失后的规定期限内补办手续；被请求协助的行政执法机关应当履行协助义务，不能提供协助的，应当及时以书面形式告知请求机关并说明理由。[①] 但是协助不是随意的、无范围的，而应当具有明确的流程，加入“依法”二字也为后续有关部门颁布行政协助的实施细则提供了法律依据。

第三节　行政处罚与刑事处罚的衔接

《行政处罚法》第二十七条第一款对行政处罚与刑事处罚的衔接作出规定，“违法行为涉嫌犯罪的，行政机关应当及时将案件移送司法机关，依法追究刑事责任。对依法不需要追究刑事责任或者免予刑事处罚，但应当给予行政处罚的，司法机关应当及时将案件移送有关行政机关”。

一、行刑衔接案件的双向移送制度

原《行政处罚法》仅对行政机关向司法机关移送案件

---

① 参见《福建省行政执法条例》第二十二条第二款、第三款。

作出规定，对司法机关向行政机关移送案件没有规定，司法机关认定不构成刑事犯罪但应处以行政处罚的情形如何处理存在立法空白，给执法实践带来一定困难。2021年修订的《行政处罚法》在此方面作出调整和补充，规定了行刑衔接案件的双向移送制度，并对建立健全双向衔接程序的内容提出要求。双向衔接的规定有利于行政处罚程序与刑事司法程序的衔接，有利于有效打击违法犯罪，有利于节约有限的执法资源、降低执法成本，有利于刑法疑罪从无原则在行刑衔接程序上得到实现。

二、行刑衔接的程序

双向移送包括两方面：一是行政机关向司法机关移送的情形，即“违法行为涉嫌犯罪”；二是司法机关向行政机关移送的情形，即“对依法不需要追究刑事责任或者免予刑事处罚，但应当给予行政处罚的”，司法机关应当及时将案件移送行政机关。

（一）行政机关向司法机关、监察机关移送

2021年修订的《行政处罚法》将“违法行为构成犯罪”改为“违法行为涉嫌犯罪”，降低了移送门槛，不需要行政机关证明该行政违法行为构成犯罪。行政机关向司法机关移送案件的程序以《行政执法机关移送涉嫌犯罪案件的规定》为依据。

1. 案件类型

《行政执法机关移送涉嫌犯罪案件的规定》明确了案件类型，主要涉及经济类犯罪案件、知识产权类犯罪案件和公职人员职务犯罪案件。

该规定第三条明确规定，“行政执法机关在依法查处违法行为过程中，发现违法事实涉及的金额、违法事实的情节、违法事实造成的后果等，根据刑法关于破坏社会主义市场经济秩序罪、妨害社会管理秩序罪等罪的规定和最高人民法院、最高人民检察院关于破坏社会主义市场经济秩序罪、妨害社会管理秩序罪等罪的司法解释以及最高人民检察院、公安部关于经济犯罪案件的追诉标准等规定，涉嫌构成犯罪，依法需要追究刑事责任的，必须依照本规定向公安机关移送”。

该条同时也指出，“知识产权领域的违法案件，行政执法机关根据调查收集的证据和查明的案件事实，认为存在犯罪的合理嫌疑，需要公安机关采取措施进一步获取证据以判断是否达到刑事案件立案追诉标准的，应当向公安机关移送”。

该规定第十九条规定，“行政执法机关在依法查处违法行为过程中，发现公职人员有贪污贿赂、失职渎职或者利用职权侵犯公民人身权利和民主权利等违法行为，涉嫌构成职务犯罪的，应当依照刑法、刑事诉讼法、监察法等法律规定及时将案件线索移送监察机关或者人民检察院处理”。

2. 移送程序

行政执法机关在查处违法行为过程中，必须妥善保存所收集的与违法行为有关的证据。行政执法机关对应当向公安机关移送的涉嫌犯罪案件，应当立即指定2名或者2名以上行政执法人员组成专案组专门负责，核实情况后提交移送涉嫌犯罪案件的书面报告，报经本机关正职负责人或者主持工作的负责人审批。

行政执法机关正职负责人或者主持工作的负责人应当自接到报告之日起3日内作出批准移送或者不批准移送的决定。决定批准的，应当在24小时内向同级公安机关移送；决定不批准的，应当将不予批准的理由记录在案。

行政执法机关对公安机关决定立案的案件，应当自接到立案通知书之日起3日内将涉案物品以及与案件有关的其他材料移交公安机关，并办结交接手续；法律、行政法规另有规定的，依照其规定。

（二）司法机关向行政机关的移送

1. 移送情形

根据我国刑事诉讼的一般程序，司法机关向行政机关的移送情形包括三种：一是公安机关移送，即刑事案件立案后，公安机关对于不需要追究刑事责任的犯罪嫌疑人，但依法应当追究行政责任的案件，应当依法移送给行政机关；二是检察机关移送，即检察机关对于不起诉但需要给予行政处罚的案件，应当依法移送给行政机关；三是法院移送，即法院审理后认为被告人的行为构成犯罪但不需要判处刑罚的、宣告无罪的或者构成犯罪已判处刑罚，但依法应当给予行政处罚的案件，应当依法移送给行政机关。《行政处罚法》对于移送案件的程序没有作出具体规定，有待其他法律规定予以补充。

2. 移送的职责

行政处罚实施机关与司法机关在移送案件方面应当履行的职责，具体包括应当加强协调配合，应当建立健全案件移送制度，应当加强证据材料移交、接收衔接，应当完善案件处理信息通报机制。行政处罚实施机关与司法机关在移送案件的规定内容上需要涵盖以上四个“应当”的规定。

第四节 违法行为纠正与违法所得

纠正违法行为是行政处罚实施的重要目的，行政机关实施行政处罚，应当首先纠正违法行为，通过责令当事人改正或者限期改正的方式，维护行政管理秩序。

一、基本原则

2021 年《行政处罚法》的修订明确了不得因违法而获

利的基本原则。违法所得的计算在基本原则的基础上，兼顾国家利益与相对人权益，在合法性与合理性方面作出恰当协调，允许部门规章对违法所得的计算作出规定。此外，修订后规定的“依法应当退赔”，也要结合《中华人民共和国民法典》（以下简称《民法典》）第一百八十七条关于民事赔偿优先的原则，并进一步明确在没收违法所得环节先行依法退赔，目的是适当降低当事人维权成本，解决事后退赔难的问题。

二、纠正违法行为

责令改正或限期改正是行政处罚实施机关的职责，是作出行政处罚决定的必要前提，是不可或缺和不得逾越的执法阶段。无论是责令改正还是责令限期改正，均不能以罚代改，违法行为必须依法纠正。需要注意的是，无论其后是否作出行政处罚的决定，都必须先作出责令改正或责令限期改正的命令，纠正违法行为是行政处罚实施机关的首要任务。

责令当事人改正或者限期改正违法行为是指行政机关要求违法当事人作为或不作为，使其终止违法行为，履行义务。责令改正包括两层含义：一是责令停止违法行为，旨在停止破坏行政管理秩序的状态或行为持续存在，阻止危害后果的持续产生与不断扩大；二是责令恢复原状，旨在消除违法行为所产生的危害后果，从而使被打破的行政管理秩序得到恢复。改正违法行为的措施包括恢复原状、赔偿损失、消除影响、防止违法行为再次发生等多种方式，以达到促使违法行为人认真承担责任，避免同类事件再次发生的目的。

三、没收违法所得

（一）违法所得的含义

违法所得是指实施违法行为所取得的款项。不得因违法而获利是基本原则。违法所得从来源上具有非法属性。2021年《行政处罚法》的修订重申了没收违法所得的性质属于行政处罚的基本立场。对违法所得进行没收，是对违法行为人占有违法所得的剥夺，具有减损其权益的客观效果，能够发挥惩罚和制裁的作用。

（二）退赔顺序

当事人有违法所得，除依法应当退赔的外，应当予以没收。《行政处罚法》未对“先退后赔”还是“先赔后退”的顺序作出规定，具体的退赔顺序由其他法律、行政法规、部门规章另行规定。依法应当退赔的部分是否应当扣除相关的成本和税费等开支，实践中各有不同的规定与解释，考虑到不同执法领域的特殊性，《行政处罚法》并未将实践中的任何一种计算方式列为法定计算方式。《民法典》第一百八十七条中“民事主体的财产不足以支付的，优先用于承担民事责任”的规定遵循了民事赔偿优先的原则。

（三）违法所得的计算

一般而言，违法所得应指违反法律法规等义务性规范产生的全部利益，应当扣除已经缴纳的税费，但不能扣除所谓的成本。税费由于已经上缴国库，如再对此部分数额一并没收，则相当于要求相对人用其他合法款项予以填补。不能扣除成本的原因在于成本一旦用于从事违法活动，其本身即丧失合法性。考虑到执法实践的复杂情形，不能排除有其他更为合理的计算方式，因而《行政处罚法》授权法律、行政法规、部门规章对违法所得的计算作出规定。通常情况下，违法行为已经发生，但尚未实际收到付款的，该应收款也要记入违法所得。①

第五节　《行政处罚法》的适用

一、一事不再罚与规范竞合

（一）一事不再罚的含义

“一事不再罚”又被称为“禁止双重处罚原则”，其本质是禁止对同一当事人的同一违法行为，以相同或类似之措施多次处罚。《行政处罚法》在颁布之初就将此原则吸

① 许安标主编：《〈中华人民共和国行政处罚法〉释义》，中国民主法制出版社2021年版，第102页。

纳其中，即“对当事人的同一个违法行为，不得给予两次以上罚款的行政处罚”。一事不再罚原则有利于防止重复处罚和多头处罚，体现过罚相当的法律原则，有利于保障相对人的合法权益。

在《行政处罚法》中，一事不再罚的“一事”指“同一违法行为”，即“构成要件上只符合一个违法行为的特征”。实践中对如何认定“一事”有很多争议，不同领域、不同事项的认定标准差别很大，对行政违法是连续犯、状态犯还是持续犯等有不同意见。以交通违法行为的查处为例，持续或继续的违法行为有可能因法律拟制而被认定为多个违法行为，也有可能因对违法行为的查处而中断或单独视为另一个违法行为。

第一种情形是同一违法行为可能因为法律拟制的原因而被认定为数个违法行为。例如，有以行政辖区为标准划分违法行为个数的情形。“同一辆机动车在同一道路的同一行驶方向，违反限速规定交通违法行为处于持续状态，被同一县（市、区）公安交通管理部门或者高速公路交警大队辖区的测速取证设备记录多次的，选择一次最为严重的违反限速规定行为实施处罚。”[①] 该规定对超速行驶的认定根据行政辖区的不同来确定交通违法行为的次数和处罚

① 《公安部交通管理局关于印发〈关于规范查处机动车违反限速规定交通违法行为的指导意见〉的通知》。

规则，只有发生在不同的辖区才可能被认定为数个违法行为。[1]

第二种情形是违法行为在处罚后仍然继续或持续，在达到一定处罚次数后会被认定为另一个违法行为。例如，《北京市查处非法客运若干规定》第六条规定，驾驶人员从事非法客运经营被执法部门处罚两次的，由公安机关交通管理部门暂扣3个月机动车驾驶证；从事非法客运经营被执法部门处罚3次以上的，由公安机关交通管理部门暂扣六个月机动车驾驶证。该规定将已经作出数次处罚的非法客运经营行为视为另一违法行为，成为另一种行政处罚（暂扣机动车驾驶证3个月或6个月）的构成要件。

还有观点认为，连续或继续的违法行为也可因中断而构成数个行为，中断原因包括违法意识中断、是否受到改正之命令或限期改正之命令或被查获等情形、行为的时间间隔、空间距离等紧密关联因素。以连续或继续的交通违法行为为例，这类行为也可因违法意识的中断而构成数个行为，如闯红灯或对限速有明显的标牌提示超速且超速之后有令人感知的拍照。可见，同一违法行为的认定在实践

① 参见山东省济南市中级人民法院（2014）济行终字第347号行政判决书，载中国裁判文书网，https：//wenshu. court. gov. cn/website/wenshu/181107ANFZ0BXSK4/index. html？ docId = dcab98adc2fe4f3fb51002bf595586db，最后访问时间：2022年2月20日。该判决认为上诉人在枣庄、济宁两个行政区域内，被交警部门的两个节点设备记录超速，应属两次违法。

中较为复杂。

“不再罚”是指不得处以两次以上罚款的行政处罚。同一依据是指同一法律依据。当调整不同社会关系的法律规范在违法行为的构成要件上有交叉时，就会产生一个违法行为违反不同法律规范的情况，即规范竞合。在处理规范竞合问题时，同一违法行为违反两个以上法律规范时，应依据不同法律规范分别处罚；但具体实践中，已经有行政主体作出了行政处罚，其他行政主体不得再对同一违法行为作出相同种类的行政处罚；在依法作出其他种类的行政处罚时，可以考虑当事人已受处罚的事实，从轻或者减轻处罚。2021年修订的《行政处罚法》对罚款数额作出补充规定，从文义解释的角度出发，立法者将“一事不再罚”限定为“一事不再罚款”，也是为了理解和操作方便；就同一违法行为，在同时违反多个法律规范时，可以给予多个行政处罚；但若选择罚款进行处罚的话，只能进行一次罚款，而不能进行多次罚款。

（二）规范竞合的处理

因为一个违法行为可能同时触犯多个法律规范，面临多重罚款的可能。2021年修订的《行政处罚法》关于规范竞合的规定明确在发生规范竞合时应按照罚款数额高的规定从重处罚，立法者在罚款数额的认定上采取了从重主义。

在规范竞合的情况下，行政处罚的实施机关如何进行处罚？如果是上位法与下位法关于罚款数额的规定不同，则须根据上位法确定罚款数额。例如《环境行政处罚办法》第九条规定，当事人的一个违法行为同时违反两个以上环境法律、法规或者规章条款，应当适用效力等级较高的法律、法规或者规章；效力等级相同的，可以适用处罚较重的条款。如果上位法不属于行政处罚机关职能管辖的依据，则须根据《行政处罚法》第二十六条的规定，通过行政执法职务协助制度予以解决，有需要的还需移送管辖。

“按照罚款数额高的规定”在实践当中还存在困难，原因在于罚款的确定方式多种多样，比如对直接规定数额幅度的罚款，是按照罚款的最低额度还是最高额度来比较，对按照违法所得计算罚款数额的如何比较，不结合具体案情很难对数额高低作出认定。行政处罚实施机关客观上也没有能力对属于其他执法领域的法律规范予以准确了解和适用。为此应当秉承的基本原则是“职权法定原则”，即行政处罚实施机关只能依据法定授权来执行法律、适用法律，不能越权。对于罚款数额高低的理解，是指法律规定的罚款数额，而非行政机关实际处以的罚款数额。其他未尽之处有赖于执法机关根据《行政处罚法》第二十六条的规定，通过行政执法职务协助制度协商解决。

二、行政处罚的责任能力

（一）责任年龄

行政处罚责任年龄是指违法行为人对自己的违法行为

负行政处罚责任必须达到的年龄。行政处罚的责任年龄以14周岁为界，不满14周岁的未成年人有违法行为的，不予行政处罚。14周岁以下的违法行为人不符合行政处罚的主体要件，不构成行政处罚，同时不负行政处罚责任。

（二）监护人的管教责任

不满14周岁的未成年人有违法行为的，不能免除监护人的管教责任。因此在不予行政处罚的同时，应当责令监护人加以管教。《民法典》第二十七条规定："父母是未成年子女的监护人。未成年人的父母已经死亡或者没有监护能力的，由下列有监护能力的人按顺序担任监护人：（一）祖父母、外祖父母；（二）兄、姐；（三）其他愿意担任监护人的个人或者组织，但是须经未成年人住所地的居民委员会、村民委员会或者民政部门同意。"无法确定监护人的，应当根据《中华人民共和国未成年人保护法》第九十二条的规定由民政部门依法对未成年人进行临时监护。[①] 有《中华人民共和国未成年人保护法》第九十四条的情形

① 《中华人民共和国未成年人保护法》第九十二条规定，具有下列情形之一的，民政部门应当依法对未成年人进行临时监护：（一）未成年人流浪乞讨或者身份不明，暂时查找不到父母或者其他监护人；（二）监护人下落不明且无其他人可以担任监护人；（三）监护人因自身客观原因或者因发生自然灾害、事故灾难、公共卫生事件等突发事件不能履行监护职责，导致未成年人监护缺失；（四）监护人拒绝或者怠于履行监护职责，导致未成年人处于无人照料的状态；（五）监护人教唆、利用未成年人实施违法犯罪行为，未成年人需要被带离安置；（六）未成年人遭受监护人严重伤害或者面临人身安全威胁，需要被紧急安置；（七）法律规定的其他情形。

的，民政部门还须对未成年人进行长期监护。①

（三）对未成年人违法行为的行政处罚

已满14周岁不满18周岁的未成年人有违法行为的，应当从轻或者减轻行政处罚。从轻处罚是指在规定的处罚方式和处罚幅度内，在几种处罚方式中选择一种较轻的处罚方式，或者在一种处罚方式下在允许的幅度内选择一种较低程度的处罚。减轻处罚是指在法定的处罚方式和处罚幅度的最低限度以下进行处罚。法律对行政处罚实施机关设定了义务，即必须按照规定对已满14周岁不满18周岁的未成年人进行从轻或者减轻处罚。

（四）精神病人与智力残疾人

1. 对精神病人与智力残疾人不予行政处罚

精神病人、智力残疾人在不能辨认或者不能控制自己行为时有违法行为的，不予行政处罚。这里的“不能辨认”或“不能控制”是选择性的，只要行为人符合其中一种情形，就不予处罚。在“不能辨认”或“不能控制”其行为时，行为人处于无责任能力的状态，在这种状态下应

---

① 《中华人民共和国未成年人保护法》第九十四条规定，具有下列情形之一的，民政部门应当依法对未成年人进行长期监护：（一）查找不到未成年人的父母或者其他监护人；（二）监护人死亡或者被宣告死亡且无其他人可以担任监护人；（三）监护人丧失监护能力且无其他人可以担任监护人；（四）人民法院判决撤销监护人资格并指定由民政部门担任监护人；（五）法律规定的其他情形。

当作出不予处罚的决定。不予处罚是指违法事实不构成行政处罚意义上的违法。例如，没有行政责任能力的人违法，不应该对该行为人给予行政处罚，因为该行为不具有可遣责性。

2. 监护人的看管和治疗责任

在上述情况下虽不予处罚，但不免除其监护人的看管和治疗的责任。行政处罚实施机关应当同时责令其监护人严加看管和治疗。《民法典》第二十八条对无民事行为能力或者限制民事行为能力的成年人如何确定监护人作出规定，有监护能力的人按以下顺序担任监护人：（1）配偶；（2）父母、子女；（3）其他近亲属；（4）其他愿意担任监护人的个人或者组织，但是须经被监护人住所地的居民委员会、村民委员会或者民政部门同意。《民法典》总则编第二章第二节专门就监护人作出规定。

3. 间歇性精神病人的例外规定

间歇性精神病人如果在实施违法行为时精神是正常的，没有丧失辨认或控制自己行为的能力，与常人无异，应当给予行政处罚。间歇性精神病人实施违法行为不予行政处罚的，应当有证据证明行为人在实施违法行为时确实处于无行为能力的状态。在处理精神病人以及智力残疾人实施的行政违法行为案件时，必须对其精神状态或智力状态进行鉴定。

2021年《行政处罚法》的修订新增了“尚未完全丧失辨认或者控制自己行为能力的精神病人、智力残疾人有违法行为的，可以从轻或者减轻行政处罚”的规定。需要注意的是，尚未完全丧失辨认能力或控制能力的违法行为人，应当承担行政处罚责任，但是可以从轻或者减轻处罚，也可以不从轻或者减轻处罚，这是行政处罚的酌定情节。是否从轻、减轻行政处罚要结合违法行为的事实、性质、情节以及社会危害程度等综合判断。

三、法定情节的适用

当事人有下列情形之一，应当从轻或者减轻行政处罚：（1）主动消除或者减轻违法行为危害后果的；（2）受他人胁迫或者诱骗实施违法行为的；（3）主动供述行政机关尚未掌握的违法行为的；（4）配合行政机关查处违法行为有立功表现的；（5）法律、法规、规章规定其他应当从轻或者减轻行政处罚的。

（一）从轻与减轻

从轻处罚是指行政处罚的实施机关在法定的处罚方式和处罚幅度内，对行政违法行为人在几种可能的处罚方式内选择较轻的处罚方式或者在一种处罚方式下在允许的幅度内选择幅度较低的进行处罚。

减轻处罚是指行政处罚在法定的处罚方式和处罚幅度的最低限度以下，对违法行为人适用行政处罚。

主动消除或者减轻违法行为危害后果是指行为人实施违法行为后幡然悔悟，主动采取措施消除或减轻已经产生或将要产生的危害后果。受他人胁迫或者诱骗实施违法行为是指违法行为人在主观上一开始并没有实施违法行为的动机，在受他人胁迫或诱骗后才实施了违法行为。主动供述行政机关尚未掌握的违法行为是2021年《行政处罚法》修订新增的内容，是指违法行为人在执法机关尚未发觉违法事实或违法行为人时，主动向执法机关供述。配合行政机关查处违法行为有立功表现是指违法行为人在到案后检举揭发他人违法行为且查证属实的。此外，考虑到不同案件的具体情形与不同执法领域的合理性边界不同，《行政处罚法》还明确“法律、法规、规章规定其他应当从轻或者减轻行政处罚的”也应当予以从轻或减轻行政处罚。

（二）不予处罚

1. 不予处罚的情形

不予处罚的一般情形，即违法行为轻微并及时改正，没有造成危害后果的，不予行政处罚。初次违法且危害后果轻微并及时改正的，可以不予行政处罚。一般违法行为的不予处罚须同时满足“违法行为轻微并及时改正”和“没有造成危害后果”两个条件。初次违法的不予处罚须同时满足“初次违法且危害后果轻微”和“及时改正”两个条件。这是因为行政处罚并非以处罚为唯一目的，错罚相当是基本原则，即实施行政处罚要以与违法行为的实施、性质、情节以及社会危害程度相当为原则。

2. 过错推定原则

当事人有证据足以证明没有主观过错的，不予行政处罚。法律、行政法规另有规定的，从其规定。此规定延续了旧法关于行政处罚的过错推定原则。一般情形下，行政处罚采取过错推定原则，有违法行为发生，即推定违法行为人有主观过错，执法者无须另行证明。但是，当事人有证据足以证明没有主观过错的，可以不予行政处罚。证明没有主观过错，是不予行政处罚的免责事由。

在例外情况下，法律、行政法规另有规定的，从其规定。对违法行为人主观状态的规定通常有三种情形。一般情况下，不考虑违法行为人的主观状态，只要实施了违法行为，即应当予以处罚。例如，根据《道路交通安全法》第九十二条第一款①的规定，只要公路客运车辆存在载客超过额定乘员的情况，就应当受到行政处罚。部分情况下，相对人实施违法行为，具有主观过错，才给予行政处罚。例如，《道路交通安全法》第九十五条第二款规定："故意遮挡、污损或者不按规定安装机动车号牌的，依照

① 《道路交通安全法》第九十二条第一款规定，公路客运车辆载客超过额定乘员的，处200元以上500元以下罚款；超过额定乘员20%或者违反规定载货的，处500元以上2000元以下罚款。

本法第九十条的规定予以处罚。”该条将“故意”作为处罚的主观要件。有些情况下，违法行为除主观过错外，还需客观上造成一定危害后果才给予处罚。例如，《国有资产评估管理办法》第三十二条[①]规定，资产评估机构作弊或者玩忽职守，致使资产评估结果失实的，要受到相应的行政处罚。

3. 处罚与教育相结合

对当事人的违法行为依法不予行政处罚的，行政机关应当对当事人进行教育。《行政处罚法》第六条对处罚与教育相结合原则作出规定，本条是处罚与教育相结合原则在不予处罚方面发挥作用的实例。对当事人的违法行为依法不予行政处罚的，行政机关应当对当事人进行教育。不予处罚意味着行政处罚的惩戒功能发挥受限。行政处罚的实施机关应当重视发挥教育的作用，在处罚作用发挥受限的情形下，让教育发挥纠正违法行为或制止违法行为继续发生的替代作用。处罚与教育不可偏废，既不能以罚代教，又不能只教不罚，两者应当协同配合，共同发挥维护行政管理秩序的作用。

---

① 《国有资产评估管理办法》第三十二条规定，资产评估机构作弊或者玩忽职守，致使资产评估结果失实的，国有资产管理行政主管部门可以宣布资产评估结果无效，并可以根据情节轻重，对该资产评估机构给予下列处罚：（一）警告；（二）停业整顿；（三）吊销国有资产评估资格证书。

四、行政处罚裁量基准

行政处罚的裁量指行政处罚实施机关在法律规定的范围内进行自由裁量的权力，行政处罚的裁量基准是行政处罚机关在自由裁量的空间内根据案件的具体情况，如情节、危害后果等要素进行的裁量空间格次划分，指引执法机关在相对固定的处罚种类和量罚幅度内进行依法且合理的处罚。错罚相当原则具有一定的抽象性和模糊性，行政处罚裁量基准制度通过具有可操作性的规则，有利于作出公平合理的行政处罚决定，规范执法行为，进而保护行政相对人的合法权益。

行政机关有权制定行政处罚的裁量基准。行政处罚裁量基准应当公布。《行政处罚法》对于公布的形式没有具体规定，但是结合《政府信息公开条例》的规定可知，某些执法领域的行政处罚裁量基准属于政府应当主动公开的信息范畴，这部分有关裁量基准的信息应当按照《政府信息公开条例》规定的程序和方式进行主动公开。《政府信息公开条例》第十九条规定，行政机关应当依法主动公开涉及公众利益调整、需要公众广泛知晓或者需要公众参与决策的政府信息；同时根据该条例第二十条规定，对以上信息，政府应当主动公开实施行政处罚的依据、条件、程序；主动公开的政府信息通过政府公报、政府网站或者其他互联网政务媒体、新闻发布会以及报刊、广播、电视等途径予以公开。

五、行政处罚的折抵

行政处罚属于行政制裁的范畴，刑事处罚属于刑事制裁的范畴，两者性质不同，虽然不可相互替代，但是在一定情况下可用行政处罚折抵刑事处罚。为了保护当事人的合法权益，在一事不再罚原则的指引下，不应对同一违法行为增加性质相同的处罚。同一违法行为可能同时触犯《行政处罚法》与《中华人民共和国刑法》（以下简称《刑法》），但行政处罚与刑罚存在先后顺序。对当事人已判处罚金时，行政机关尚未给予当事人罚款的，不再给予罚款。

（一）刑期折抵

行政处罚实施机关对违法行为的处理先于司法机关，行政机关作出了行政拘留或者罚款的处罚，司法机关在这之后又必须对同一行为处以有期徒刑、拘役或者罚金的处罚，对前一个行政处罚的执行就可以在后一个处罚执行时相应折抵；如此规定是考虑到对同一违法行为构成犯罪的，原则上只应作出一次处罚，已经判处刑事处罚的，对于同种类的行政处罚就不宜再适用了。

（二）罚金折抵

在行政执法实践中，可能会出现对同一违法行为的罚款数额高于罚金数额的情况，在此情形之下，行政处罚机关可否对高出的差额部分进行补罚呢？2021 年修订的《行政处罚法》对此予以澄清，即只要对违法行为人先判处了罚金，就不能对违法行为人再次处以罚款的行政处罚。如此规定的原因如下：一是考虑到行政责任与刑事责任都是公法责任且两种责任是递进关系，如果允许补罚则对相对人叠加了双重公法责任，有违错罚相当原则和一事不再罚原则；二是考虑到刑罚是最严厉的法律制裁方式，已经足以实现对犯罪行为的制裁效果，达到纠正、制止、惩戒违法行为的目的；三是考虑到《刑法》与《行政处罚法》的处罚重点不同，《刑法》侧重人身罚，《行政处罚法》侧重财产罚和行为罚，虽不允许再次罚款，但允许行政处罚实施机关对违法行为人增加与刑事处罚种类不同的其他处罚，以实现不同的处罚目的。

六、追罚时效

（一）追罚时效的内容

行政处罚的追罚时效是指对违法行为人违反《行政处罚法》的行为追究行政责任，给予行政处罚的有效期限。追罚时效一般情况下为 2 年，特定情况下为 5 年，法律有权根据具体情况对行政处罚的追罚时效作出具体规定。法规、规章、规范性文件无此权限。

违法行为在 2 年内未被发现的，不再给予行政处罚。国家机关对违法或违纪行为启动调查、取证或立案程序，均可视为“发现”；群众举报后被认定属实的，发现时效以举报时间为准。

“在二年内未被发现的，不再给予行政处罚”，这意味着在发生违法行为的 2 年以后，无论行政处罚实施机关在何时发现该违法事实，均不得再对违法行为人予以行政处罚。

涉及公民生命健康安全、金融安全且有危害后果的，行政处罚的时效期限延长至 5 年。并非所有涉及公民生命健康安全和金融安全的违法行为都适用 5 年的规定，还需同时满足“有危害后果的”条件。“涉及公民生命健康安全、金融安全”的范围包括食品、药品、证券、保险等，也包括更为宽泛的领域，具体哪些领域行政处罚追罚时效延长为 5 年只有全国人大及其常委会制定的法律才有权规定。

（二）追罚时效的起算点

行政处罚的时效期限从违法行为发生之日起计算；违法行为有连续或继续状态的，从行为终了之日起计算。对于一次性完成的违法行为，行为发生之日较为容易确定的，即行为完成之日。但实践中存在违法行为连续出现或者不断继续的情况，这时以违法行为的终了之日为起算点。所谓“连续”是指违法行为人连续实施同一行为，数个独立的违法行为基于同一行为目的反复出现。所谓“继续”是指违法行为人实施的某一个违法行为一直处于继续状态没有停止。无论是继续还是连续，均以违法行为终了之日为时效期限的起算日。

七、行政处罚无效

《行政处罚法》第三十八条第一款规定“行政处罚没有依据或者实施主体不具有行政主体资格的，行政处罚无效”。2021 年《行政处罚法》的修订对行政处罚的无效情形作出更新，与《行政诉讼法》的规定保持一致。同时，2021 年修订的《行政处罚法》也在一定程度上延续了关于违反法定程序构成行政行为无效的认识，但提高了认定行政处罚无效的门槛，不是只要程序违法就使处罚无效，而是必须叠加情节，即“违反法定程序构成重大且明显违法”，方使行政处罚无效。

一般情况下，行政处罚无效的构成要件包括：第一，行政处罚没有法律依据；第二，行政处罚的实施主体不具有行政主体资格。无效的行政处罚行为自始无效，当然无效，确定无效。

违反法定程序的程度可以进行区分，一般情况下违反法定程序可导致行政处罚行为的撤销，只有在违反行政程序构成重大且明显违法的情况下，才会认定行政处罚无效。

※ 本章练习题 ※

一、单选题

1. 下列说法正确的是：（　　）。

A. 两个以上行政机关都有管辖权的，由最先受理的行政机关管辖

B. 对管辖发生争议的，应当直接报请共同的上一级行政机关指定管辖

C. 对管辖发生争议的，只能协商解决

D. 对管辖发生争议的，应当协商解决，协商不成的，报请共同的上一级行政机关指定管辖；也可以直接由共同的上一级行政机关指定管辖

答案：D。

解析：两个以上行政机关都有管辖权的，由最先立案的行政机关管辖。对管辖发生争议的，应当协商解决，协商不成的，报请共同的上一级行政机关指定管辖；也可以直接由共同的上一级行政机关指定管辖。

2. 有关行政处罚的责任能力下列说法正确的是：（　　）。

A. 已满 14 周岁不满 18 周岁的未成年人有违法行为

的，可以从轻或者减轻行政处罚

B. 不满14周岁的未成年人有违法行为但不能确定监护人的，免除监护人的管教责任

C. 行政处罚的责任年龄以14周岁为界，不满14周岁的未成年人有违法行为的，不予行政处罚

D. 间歇性精神病人实施违法行为一律不予行政处罚

答案：C。

解析：已满14周岁不满18周岁的未成年人有违法行为的，应当从轻或者减轻行政处罚。不满14周岁的未成年人有违法行为，不能免除监护人的管教责任。14周岁以下的违法行为人不符合行政处罚的主体要件，不构成行政处罚。间歇性精神病人实施违法行为不予行政处罚的，应当有证据证明行为人在实施违法行为时确实处于无行为能力的状态。在处理精神病人以及智力残疾人实施的行政违法行为案件时，必须对其精神状态或智力状态进行鉴定。

3. 关于责令改正，下列说法错误的是：（　　）。

A. 责令改正不能以罚代改

B. 责令改正是作出行政处罚决定的必要前提

C. 纠正违法行为是行政执法机关的首要任务

D. 责令改正是作出行政处罚决定的非必要前提

答案： D。

解析： 责令改正或责令限期改正是行政处罚实施机关的职责，是作出行政处罚决定的必要前提，是不可或缺和不得逾越的执法阶段。无论是责令改正还是责令限期改正，均不能以罚代改，违法行为必须依法纠正。需要注意的是，无论其后是否作出行政处罚的决定，都必须先作出责令改正或责令限期改正的命令，纠正违法行为是行政处罚实施机关的首要任务。

4. 关于从轻与减轻，下列说法错误的是：（　　）。

A. 从轻处罚是指在法定的处罚方式和处罚幅度内选择幅度较低的进行处罚

B. 减轻处罚是指行政处罚在法定的处罚方式和处罚幅度的最低限度以下，对违法行为人适用行政处罚

C. 主动消除或者减轻违法行为危害后果的，应当从轻或减轻处罚

D. 配合行政机关查处违法行为有立功表现是指违法行为人在到案后检举揭发他人违法行为

答案： D。

解析： 配合行政机关查处违法行为有立功表现是指违法行为人在到案后检举揭发他人违法行为且查证属实的。

5. 关于不予处罚，下列说法错误的是：(　　)。

A. 初次违法且危害后果轻微并及时改正的，可以不予行政处罚

B. 当事人有证据足以证明没有主观过错的，不予行政处罚

C. 一般情形下，行政处罚采取过错推定原则

D. 当事人有证据足以证明没有主观过错的，不予行政处罚。法律、行政法规、规章另有规定的，从其规定

答案： D。

解析： 当事人有证据足以证明没有主观过错的，不予行政处罚。法律、行政法规另有规定的，从其规定。

二、简答题

1. 简要回答“一事不再罚”的含义并举例说明。

答案： 一事不再罚原则是指对违法行为人的同一违法行为不得以同一事实和同一依据，给予两次以上的处罚。“一事”指“同一违法行为”，即“构成要件上只符合一个违法行为的特征”。

以交通违法行为的查处为例，持续或继续的违法行为有可能因法律拟制而被认定为多个行为，也有可能因对违法行为的查处而中断或单独视为另一个行为。

2. 简要回答行刑衔接案件的“双向移送制度”的含义。

答案：违法行为涉嫌犯罪的，行政机关应当及时将案件移送司法机关，依法追究刑事责任。依法不需要追究刑事责任或者免予刑事处罚，但应当给予行政处罚的，司法机关应当及时将案件移送有关行政机关。

双向移送包括两个方面：一是行政机关向司法机关移送的情形，即“违法行为涉嫌犯罪”；二是司法机关向行政机关移送的情形，即“对依法不需要追究刑事责任或者免予刑事处罚，但应当给予行政处罚的”，司法机关应当及时将案件移送行政机关。

第五章　行政处罚的决定

※ 本章学习导读 ※

本章是关于行政处罚程序制度的规定。行政处罚程序制度的规定集中了大部分的制度亮点，比如证据种类和非法证据排除规则的确立，对行政处罚办案期限的明确和重点领域行政违法处罚时效的修改，行政执法公示制度、执法全过程记录制度和重大执法决定法制审核制度在《行政处罚法》中的法律地位的确立以及行政处罚听证制度的完善等。行政处罚法定程序的明确和正当程序的强化，对于保障行政处罚权依法履行，推进法治政府建设和保障公民、法人和其他组织的合法权益意义重大。

第一节 一般规定

一、处罚公示

《行政处罚法》第三十九条规定："行政处罚的实施机关、立案依据、实施程序和救济渠道等信息应当公示。"

行政处罚是行政执法的重要方式，当前行政处罚领域的不规范行为，包括处罚的畸轻畸重、处罚不公开、暗箱操作等问题依然在一定程度上存在。在新的国际国内背景下，在行政处罚领域坚持执法公开公示制度，意义重大。理解处罚公示制度应当注意把握以下要点：

（1）《行政处罚法》规定的处罚公示制度包括事前公示制度。《关于全面推行行政执法公示制度执法全过程记录制度重大执法决定法制审核制度的指导意见》将处罚公示分为事前公示、事中公示和事后公示三个阶段，每个阶段的公开内容和目的各有侧重。事前公示的重点在于遵守政府信息主动公开的要求，打造阳光政府，对行政处罚权的行使形成监督和制约。

（2）处罚公示制度是政府信息公开制度的组成部分，法律基础是《政府信息公开条例》。2019 年修订的《政府信息公开条例》第十九条规定："对涉及公众利益调整、需要公众广泛知晓或者需要公众参与决策的政府信息，行政机关应当主动公开。”第二十条第六项规定“实施行政处罚、行政强制的依据、条件、程序以及本行政机关认为具有一定社会影响的行政处罚决定”应当主动公开。

（3）行政处罚事前公示的主要内容包括行政处罚主体、人员、职责、权限、依据、程序、救济渠道等信息。《关于全面推行行政执法公示制度执法全过程记录制度重大执法决定法制审核制度的指导意见》要求享有行政处罚权的机关应当“根据有关法律法规，结合自身职权职责，编制并公开本机关的服务指南、执法流程图，明确执法事项名称、受理机构、审批机构、受理条件、办理时限等内容。公开的信息要简明扼要、通俗易懂，并及时根据法律法规及机构职能变化情况进行动态调整”。

（4）处罚事前公示的要点要与权责清单制度衔接。权责清单制度对事前公示提出了明确要求，《国务院办公厅关于印发国务院部门权力和责任清单编制试点方案的通知》（国办发〔2015〕92号）要求“按照简政放权、放管结合、优化服务和转变政府职能要求，以清单形式列明试点部门的行政权责及其依据、行使主体、运行流程等，推进行政权责依法公开，强化行政权力监督和制约，防止出现权力真空和监管缺失”。尤其是在《行政处罚法》扩大了地方性法规的行政处罚设定权的情况下，事前公示变得更加关键。

（5）行政处罚的实施机关公示，主要指的是行政处罚权的法定主体和具体实施主体，都应当进行事前公示，保证主体合法；立案依据公示，指的是行政处罚依据的公开，包括一般法和特别法中对行政处罚主体的权限、处罚方式、处罚裁量等的规定；行政处罚的实施程序公示，指的是行政处罚实施的程序约束，行政处罚的执法人员数量、步骤、时限等都应当公开，并且得到遵守；行政处罚的救济渠道公示，指的是相对人对行政处罚行为可以通过申请行政复议、提起行政诉讼、申请国家赔偿等法定救济途径获得救济，上述途径的提起方式、受理部门、救济时效以及其他的程序性规定，应当事前一并公示，保障相对人获得救济的权利。根据《行政处罚法》第五条的规定，不得根据未经公示的依据作出行政处罚决定，由此可以看出事前公示对行政处罚构成了有法律效力的约束。

二、事实查明

公民、法人或者其他组织违反行政管理秩序的行为，依法应当给予行政处罚的，行政机关必须查明事实；违法事实不清、证据不足的，不得给予行政处罚。查明事实指的是处罚机关经过法定的调查取证程序，查明当事人是否实施了违反行政管理秩序的行为。需要指出的是，“以事实为依据、以法律为准绳”虽然长期以来都是我国法治实践中的重要准则，但是行政处罚过程中的查明事实与司法审判过程中的查明事实、刑事侦查过程中的查明事实既有区别也有联系，不同类型案件的事实清楚、证据充分的标准各有不同。《行政处罚法》第五条规定，设定和实施行政处罚必须以事实为依据。处罚机关在事实查明阶段，必须查明的事实包括：第一，是否存在违法行为；第二，是谁实施了该违法行为；第三，是在什么时间实施的行为；第四，是在什么地点实施的行为；第五，行为的具体情况、过程等；第六，行为造成了什么结果；第七，当事人举证证明自己不存在主观过错的，对证据的相关判断以及对是否存在主观过错的认定。

不同类型行政处罚案件中的关键事实、与行政处罚强度相关的事实和细节，决定了查明的强度是不一样的，该问题的认定与行政处罚查明事实的程序、举证责任、证据规则等的设计都有密切关系。在行政处罚的事实查明部分需要注意下列问题：

（1）把握“违法事实不清”的概念。《行政处罚法》要求“违法事实不清、证据不足的，不得给予行政处罚，实施行政处罚应当与违法行为的事实、性质、情节以及社会危害程度相当”。这涉及的是行政处罚的证明标准和事实审查标准的问题。事实审查标准以证明标准为基础，是行政处罚主体对其认定的事实是否符合证明标准进行的审查，用证明标准来衡量案件是否“违法事实清楚”。

（2）正确理解“证据不足”。证据不足的概念与证明对象紧密相关，行政处罚的证明对象指的是行政处罚过程中必须用证据予以证明或者确认的案件事实，包括实体性事实和程序性事实。对于行政处罚主体而言，应当查明的事实，必须有符合证明标准的证据予以支撑，如果认定案件情况的主要事实材料不足以作为认定的根据，即证据不足，不得予以处罚。结合诉讼制度和证据规定，证据不足的标准主要包括：

第一，证据不具备客观性、关联性和合法性，不能够作为认定案件事实确实可靠的标准。

第二，案件事实中的主要要素，包括主体、时间、地点、行为方式、行为过程以及行为后果等，其中的某一个或某几个要素的事实，没有必要的证据加以证明。

第三，据以认定案件事实的全部证据，无法排除矛盾和疑点，不能形成结论。

这就要求在审查证据时，既要对证据的证明力、合法性等进行逐项审查和判断，又要对关联性等进行审查，排除证据之间的矛盾，如果符合上述标准的一项或几项，则属于证据不足。

三、电子证据

《行政处罚法》第四十一条对电子证据作了详细规定：“行政机关依照法律、行政法规规定利用电子技术监控设备收集、固定违法事实的，应当经过法制和技术审核，确保电子技术监控设备符合标准、设置合理、标志明显，设置地点应当向社会公布。电子技术监控设备记录违法事实应当真实、清晰、完整、准确。行政机关应当审核记录内容是否符合要求；未经审核或者经审核不符合要求的，不得作为行政处罚的证据。行政机关应当及时告知当事人违法事实，并采取信息化手段或者其他措施，为当事人查询、陈述和申辩提供便利。不得限制或者变相限制当事人享有的陈述权、申辩权。”

《国务院关于进一步贯彻实施〈中华人民共和国行政处罚法〉的通知》进一步强调规范电子技术监控设备的设置和使用。对于电子技术监控设备的设置、使用以及行政机关使用电子证据的理解，需要把握三个问题：

1. 电子技术监控设备的设置

电子技术监控设备的设置应当符合三项要求：

（1）行政机关利用电子技术监控设备收集、固定违法事实时需依据法律、行政法规的规定，利用电子技术监控设备收集信息的主体和权限都受到法律、行政法规的限定，不得滥用。

（2）电子技术监控设备的设置应当经过技术和法制审核，技术审核的目的是保证电子技术监控设备的质量符合标准，拍摄、收集和固定的违法事实符合《行政处罚法》

第四十一条第二款清晰、准确的要求；法制审核的目的在于保证设置的必要性和合理性，即设置合理、标志明显，包括是否有必要设置、设置的数量和规模、设置的地点、设置的标志和提示等。

（3）电子技术监控设备的设置地点应当向社会公布，此前在地方交通执法实践中经常出现的隐匿和伪装摄像头等行为都与本规定相抵触。以交通执法为例，通过明确提示此处为拍摄路段，监督相对人不超速、不违章驾驶，目的在于保证交通安全和交通秩序，而不是拍摄更多的交通违章行为，增加行政处罚数量。

《道路交通安全违法行为处理程序规定》第十六条、第十七条第一款对此也有规定："交通技术监控设备的设置应当遵循科学、规范、合理的原则，设置的地点应当有明确规范相应交通行为的交通信号。固定式交通技术监控设备设置地点应当向社会公布。""使用固定式交通技术监控设备测速的路段，应当设置测速警告标志。"

2. 电子技术监控设备记录违法事实的标准和审核要求

行政机关对电子证据有审核义务，具体包括下列要求：

第一，清晰、准确、真实、完整，是对电子技术监控设备记录的违法事实的要求。清晰、准确是对设备的技术标准要求，在拍摄、记录、固定违法事实时，相关的画面、声音等要清晰可辨而非模糊难辨。对此，《道路交通安全违法行为处理程序规定》第十五条第二款、第三款，第十八条也有规定："交通技术监控设备、执法记录设备应当符合国家标准或者行业标准，需要认定、检定的交通技术监控设备应当经认定、检定合格后，方可用于收集、固定违法行为证据。""交通技术监控设备应当定期维护、保养、检测，保持功能完好。""作为处理依据的交通技术监控设备收集的违法行为记录资料，应当清晰、准确地反映机动车类型、号牌、外观等特征以及违法时间、地点、事实。"

真实、完整，是对控制电子技术监控设备的人的要求，在使用电子技术监控设备记录、固定和传输违法事实时，要保证电子数据的真实和完整，不得私自篡改、剪裁、删除、销毁等。

第二，行政机关应当对电子技术监控设备记录进行审核，这就意味着在自动化行政执法和行政决策的过程中，电子记录是否能够作为行政处罚的证据使用，判断权和决定权仍然由行政机关行使，由此保证现场执法和非现场执法在主体上是统一的。例如，《道路交通安全违法行为处理程序规定》第十九条规定："交通技术监控设备收集违法行为记录资料后五日内，违法行为发生地公安机关交通管理部门应当对记录内容进行审核，经审核无误后录入道路交通违法信息管理系统，作为处罚违法行为的证据。"

第三，未经审核或者经审核不符合要求的，不得作为行政处罚的证据。这里面有几个问题，一是要求使用电子技术监控设备的行政机关应当完善本领域的电子技术监控记录审核程序；二是在法定期限内未进行依法审核的证据，不得作为行政处罚的证据；三是经审核不符合要求的记录，也不得作为行政处罚的证据，此处的要求主要是真实、清晰、完整、准确。

3. 行政机关的告知义务和当事人的申辩权

行政机关应当及时履行告知义务，不得变相限制当事人的陈述权和申辩权。

《国务院关于进一步贯彻实施〈中华人民共和国行政处罚法〉的通知》进一步强调："严禁违法要求当事人承担或者分摊设置电子技术监控设备的费用，严禁交由市场主体设置电子技术监控设备并由市场主体直接或者间接收取罚款。除有证据证明当事人存在破坏或者恶意干扰电子技术监控设备、伪造或者篡改数据等过错的，不得因设备不正常运行给予其行政处罚。要定期对利用电子技术监控设备取证的行政处罚决定进行数据分析；对同一区域内的高频违法行为，要综合分析研判原因，推动源头治理，需要改进行政管理行为的，及时采取相应措施，杜绝以罚代管。"

四、文明执法

《行政处罚法》第四十二条规定："行政处罚应当由具

有行政执法资格的执法人员实施。执法人员不得少于两人，法律另有规定的除外。执法人员应当文明执法，尊重和保护当事人合法权益。”

（一）行政处罚的执法资格

行政处罚应当由具有行政执法资格的执法人员实施。具有执法资格的执法人员，通常即通过行政执法资格考试，取得行政执法资格，并申领和使用行政执法证件的执法人员。关于行政处罚的执法资格，应当从执法机关的执法资格和执法人员的执法资格两个层面来理解：

1. 关于执法机关的执法资格

在推动法治政府建设、规范行政执法行为的过程中，避免执法权的滥用一直是行政处罚等领域的重点内容。随着信息公开制度的健全，对执法主体的资格认定、公示告知制度等也不断完善。行政机关应当具备行政执法资格和执法条件，并经本级人民政府审查确认和公告。未经审查确认和公告的，不得进行行政执法活动。行政执法机关从事行政执法活动的工作人员，必须通过行政执法资格考试，取得行政执法资格，并申领和使用行政执法证和执法标志。执法人员的执法资格以所在执法机关的执法主体资格为前提，资格考试的组织、培训、考试内容、执法证管理等，都是以所在执法机关为依托的。

2. 关于执法人员的执法资格

执法人员的执法资格一般通过资格考试且成绩合格后方能取得，获得执法资格的人员可以申领执法资格证。执法资格证对于行政处罚的执法人员而言，相当于他们在执法时的“身份证”。所谓表明身份，主要指的是向相对人出示执法资格证。表明身份的道理在于，只有向相对人表明身份，相对人才会产生协助执行公务的义务，即不得妨碍执行公务，否则应当承担相应的法律责任；同时，表明执法身份也有利于相对人配合工作，避免不必要的对抗。

（二）关于行政处罚应当由两个人执行的问题

《行政处罚法》明确行政处罚应当由两名以上的执法人员实施，而且必须由两名以上具有执法资格的执法人员实施。但是在行政执法体制改革，执法权不断往基层下放的背景下，执法编制和执法资格证可能难以满足基层执法的需求。实践中一般会有两个选择：第一个选择是作出变通规定，对行政处罚和行政执法程序进行流程分解，将辅助性事务交给没有执法资格证的人员执行。第二个选择是一个部门共用仅有的几张执法资格证。需要指出的是，类似做法是不规范的，需要及时改进。各地各部门都在对照《行政处罚法》的要求进行整改。此外，《行政处罚法》明确规定，受托实施行政处罚的人员也必须取得行政执法资格，这意味着行政执法资格证不一定和行政编制挂钩。

（三）关于文明执法的相关规定

文明执法是对执法人员的职业素养提出的要求，一方面要有文明执法的理念，“增强严格依法履行职责的观念、法律面前人人平等的观念、尊重和保障人权的观念，进一步强化证据意识、程序意识、权限意识和自觉接受监督意识”；另一方面又要改进执法方式，“要正确处理严格规范公正文明执法的关系，既要坚持以事实为依据，以法律为准绳，严格执法、不枉不纵，坚决维护法律的权威和尊严，又要准确把握社会心态和群众情绪，改进执法方式，理性文明执法，强化实体规范、程序规范，注重语言规范、行为规范，努力做到融法、理、情于一体，坚持以法为据、以理服人、以情感人，积极争取当事人的理解和支持，力求实现执法效果最大化”。[①]

五、回避制度

《行政处罚法》第四十三条规定：“执法人员与案件有直接利害关系或者有其他关系可能影响公正执法的，应当回避。当事人认为执法人员与案件有直接利害关系或者有其他关系可能影响公正执法的，有权申请回避。当事人提出回避申请的，行政机关应当依法审查，由行政机关负责

---

① 《人民日报：坚持严格规范公正文明执法》，载人民网，http：//opinion. people. com. cn/n/2014/1113/c1003-26013608. html，最后访问时间：2021 年 2 月 4 日。

人决定。决定作出之前，不停止调查。”

现代回避制度源自正当程序原则，即“任何人不得做自己案件的法官”以及“应该听取双方意见”。回避制度最早在司法程序中确立，要求法官应当在审判过程中保持中立，与案件有利害关系、可能影响案件公正的人都不得参与审判。行政程序制度的发展将回避制度从司法程序引入行政领域，在行政程序中也排除行政机关工作人员和相对人之间的特殊关系。

行政回避，指行政机关工作人员在行使职权过程中，因其与所处理的事务有利害关系，为保证实体处理结果和程序进展的公正性，根据当事人的申请或行政机关工作人员的请求，有权机关依法终止其职务行使的法律制度。《公务员回避规定》中规定了三种回避，分别是任职回避、地域回避和公务回避。《行政处罚法》第四十三条规定的回避是公务回避，即公务员在执行公务活动时应当遵守的回避规定，存在应当回避的情形时，不得参加有关调查、讨论、审核、决定等，也不得以任何方式施加影响。

1. 行政回避的类型

行政回避包括两种类型：自行回避和申请回避。

自行回避是指行政机关工作人员认为自身有法律规定的相关回避情形，主动向行政机关负责人提出回避请求，行政机关负责人进行审查并作出是否准许的决定。申请回避是指当事人认为执行本案的行政机关人员与本案有利害关系或其他情形的，在行政程序终止之前可向行政机关提出该执法人员回避的请求，行政机关负责人进行审查并作出是否准许的决定。

行政回避包括三个内容：

（1）请求。行政机关工作人员在行政程序终止之前，认为自身与案件有利害关系或其他关系的，或者当事人在进行行政程序的过程中，发现执法人员与本案有利害关系或其他关系的，可向行政机关或其负责人请求回避并说明回避理由。

（2）审查。行政机关或相关负责人在收到回避申请后，应尽快对申请理由和事实进行审查。

（3）决定。在对回避请求进行审查后，如执法人员确实符合回避情形的，应立即终止执法人员在该案的职权，并且任命其他执法人员继续处理案件。

2. 申请不停止执行

行政负责人未作出决定前，不停止调查，也就是在行政负责人作出决定之前，执法人员在本案中仍有职权，保证行政程序的进行。

3. 回避的主体和利害关系的理解

（1）回避的主体。《行政处罚法》规定的回避主体是执法人员，在司法实践中有相对人要求执法机关整体回避的情形，严格来讲，整体回避属于管辖制度的范畴，不宜在回避制度中讨论。因此，回避的主体是否包括执法机关的负责人，在不同领域都有讨论。根据《行政处罚法》第五十七条的规定，普通程序的行政处罚案件由行政机关负责人作出行政处罚决定，如果行政机关的负责人与案件有利害关系，也应当遵守回避制度的相关规定。

（2）利害关系的理解。一般来说，利害关系包括执法人员是案件的当事人或者当事人的近亲属；执法人员或其近亲属与案件当事人有直接的利害关系；执法人员或其近亲属与案件当事人有其他关系，如师生等，可能影响案件公正的。不同规范性文件对此规定略有差异。

六、处罚告知制度

《行政处罚法》第四十四条对行政处罚告知作出规定："行政机关在作出行政处罚决定之前，应当告知当事人拟作出的行政处罚内容及事实、理由、依据，并告知当事人依法享有的陈述、申辩、要求听证等权利。"行政告知是行政程序的重要环节，对于推进依法行政和公正文明执法意义重大。

（一）告知制度的含义

行政告知指的是行政主体在行使行政职权的过程中，将行政行为通过法定程序向行政相对人展示，以使相对人知悉该行政行为的行政程序。行政告知是法定的强制程序，如果没有得到遵守的话，将导致行政行为因程序违法而承担否定性评价。行政告知制度的目的在于通过保障当事人的知情权进而保障当事人的实体权益，同时，行政告知制度也是当事人有效行使陈述权和申辩权的前提。

（二）告知的对象和范围

《行政处罚法》第四十四条规定的告知范围是当事人，不包括利害关系人。《公安机关办理行政案件程序规定》第一百六十七条规定告知的对象是违法嫌疑人，单位违法的情况下，告知其法定代表人、主要负责人或者其授权的人员。

（三）告知的内容

告知制度包含表明身份制度、通知制度、教示制度和说明理由制度。行政处罚告知的内容应当包括：行政处罚的执法人员和作出决定的负责人的身份、拟作出的行政处罚的内容及事实、理由、依据、相对人依法享有的权利、义务和救济途径，以及拒绝回答与案件无关的问题的权利等。

（四）告知的时限

告知的时限为行政处罚决定作出之前。实际上告知的内容不同，告知的期限也存在差异，虽然都是行政处罚决定作出之前，但是程序节点不同。

1. 适用简易程序的案件

适用简易程序处理的案件一般由执法人员当场作出决定，口头告知当事人。

2. 适用普通程序的案件

适用普通程序进行行政处罚的案件，在行政机关作出行政处罚决定之前进行告知。

（五）告知的方式

行政处罚告知的方式以书面告知为主，口头告知和公告告知为辅。对此《行政处罚法》中没有明确规定，在《公安机关办理行政案件程序规定》等程序性规范文件中有细化规定。

七、陈述和申辩

《行政处罚法》第四十五条规定："当事人有权进行陈述和申辩。行政机关必须充分听取当事人的意见，对当事人提出的事实、理由和证据，应当进行复核；当事人提出的事实、理由或者证据成立的，行政机关应当采纳。行政机关不得因当事人陈述、申辩而给予更重的处罚。"

1. 当事人依法充分行使陈述权和申辩权

从当事人的角度来讲，应当重视处罚程序的陈述权和申辩权的意义，对于处罚的主体、依据、事实认定等，有不同意见、理由和证据的，要依法及时向行政处罚主体反映。依法意味着当事人的陈述和申辩要限于行政处罚主体拟作出的行政处罚决定及其依据的事实和理由等范畴，采用合法的方式，不得采用威胁、侮辱等手段，更不得妨碍公务执行。同时，不得因为当事人行使陈述权和申辩权，而给予更重的处罚，当事人可以消除顾虑，充分行使自己的程序权利。

2. 行政处罚机关应当保障当事人依法充分行使陈述权和申辩权

从行政处罚机关的角度来讲，要从下列方面保障当事人陈述权和申辩权的行使：

（1）不得妨碍当事人陈述权、申辩权的行使，允许当事人提出不同意见和主张，让当事人完整表达，充分听取意见。

（2）对于当事人提出的意见、事实、理由和证据，应当依法复核。当事人提出的事实、理由和证据成立的，行政处罚主体应当采纳，要充分尊重当事人的意见和主张，维护法律尊严、确保处罚公正。

（3）不得因当事人的陈述和申辩而给予更重的处罚，即凡是在当事人申辩之后在原拟处罚告知意见的基础上作出更重的处罚决定的，都是禁止的。给予更重的处罚既包括给予更重的处罚种类，也包括给予同一种处罚种类的加重处罚。

八、证据制度

行政程序中的证据指的是行政机关在行政程序中收集

或者由当事人向行政机关提供的，行政机关据以作出行政行为的事实和材料。《行政处罚法》第四十六条规定："证据包括：（一）书证；（二）物证；（三）视听资料；（四）电子数据；（五）证人证言；（六）当事人的陈述；（七）鉴定意见；（八）勘验笔录、现场笔录。证据必须经查证属实，方可作为认定案件事实的根据。以非法手段取得的证据，不得作为认定案件事实的根据。"本条的规定实际上涉及证据制度的三个问题：证据的种类、证据的认定和非法证据排除。

（一）证据的种类

行政处罚法定证据的种类包括书证、物证、视听资料、电子数据、证人证言、当事人的陈述、鉴定意见和勘验笔录、现场笔录八个类型。

1. 书证

书证指的是以文字、符号、图形等记载或表示的内容来证明案件事实的书面文件或其他资料。书证以记载或反映的思想内容来证明案件事实，也可以为其他证据的鉴别提供依据。书证是行政处罚中运用最广、作用最大的证据种类，行政处罚中的书证主要包括当事人及相关人员身份证、经营者各类许可证、营业执照、合同书、说明书、宣传页、信件、商标图案、标语、文件、财务账簿、凭证、票据、明细表等。书证的调取和收集应当符合一定的要求，对专业性较强的书证，如图纸、会计账册、专业技术资料、科技文献等，要附有说明材料。对外文书证，要附有中文译本。

2. 物证

物证指的是以自己的存在、形态和质量等外部特征和物质属性、存在状态来证明案件事实的物品或痕迹。物证与书证的主要区别在于，物证是用物体自身的属性来证明案件事实，而书证是用记载的内容和思想来证明案件事实。行政处罚中常见的物证有三类：第一类是标的物，如生产销售的假冒伪劣产品、走私物等。第二类是媒介物，如违法的运输工具、生产假冒伪劣商品的机器设备、殴打他人的棍棒等。第三类是衍生物，如交通事故中产生的刹车痕迹、爆炸后留下的碎片或残渣等。

3. 视听资料

视听资料是以录音带、录像带、光盘、计算机等可视可听的科技设备存储的用以证明案件事实的电子音像信息。行政处罚中常见的视听资料有对违法嫌疑人制作笔录时的同步录音录像资料，将企业账册的数据导入的光盘等。视听资料一般要求提取原始载体，不得对视听资料进行编辑。

4. 电子数据

电子数据是指借助计算机或其他类似设备生成、记录、存储或传递，或是在计算机或其他类似设备中生成、记录、存储或传递的有关数据。行政处罚中常见的电子数据有数码图片、电子邮件、聊天记录、手机短信、电话记录、电子报关单数据等。电子数据和视听资料是静态与动态的关系，原则上也要求收集原始载体。

5. 证人证言

证人证言指的是当事人以外的人就了解的案件情况向行政处罚主体作的陈述。在环境处罚案件中，可以是企业附近居民、村民的陈述，污染受害人的陈述等。

6. 当事人的陈述

当事人的陈述指的是当事人就案件事实向行政处罚主体作出的叙述和承认。当事人的陈述既是当事人的重要程序权利，也是行政处罚案件中的重要证据。在采集时也要写明当事人的基本信息，注明出具日期，并由当事人签名、盖章或者按指印，如有添加、删除或改正文字之处，也要有相应的签章。

7. 鉴定意见

鉴定意见指的是有资质的鉴定机构，受处罚机关、当事人或者相关人委托，运用专门知识和技能，通过分析、检验、鉴别、判断对专门性问题作出的数据报告和书面结论。行政处罚中常见的鉴定意见有火灾事故、交通事故等的鉴定意见，环境行政处罚案件中的环境污染损害评估报告，渔业损失鉴定、农产品损失鉴定等。

8. 勘验笔录、现场笔录

勘验笔录和现场笔录指的是执法人员在对有关物品、场所等进行检查、勘查时当场制作的反映案件情况的文字记录，如现场检查笔录、勘查笔录、盘仓检查记录等。勘验笔录和现场笔录既包括行政执法人员检查过程中发现物品或行为的现场情况的记录，也包括对采集样品、收集证据等的情况记录。虽然勘验笔录和现场笔录名称不同，但并无大的区别。《环境行政处罚证据指南》等程序、证据类规定中，对现场笔录和勘验笔录都是放在一起规定，没有区分。

（二）证据的认定

“证据必须经查证属实，方可作为认定案件事实的根据。”这是对行政处罚主体审查判断证据的规定，包括两个层面的内容：一是对单项证据真实性、证明力的审查判断；二是对全案证据的审查判断，即是否能够证明案件事实。《环境行政处罚证据指南》规定，对单个证据的审查，按照证据形式进行，重点审查证据的关联性、合法性和真实性。证据的综合审查主要对所有证据进行全面、客观和公正的分析判断，确定证据材料与案件事实之间的证明关系，排除不具有关联性、合法性和真实性的证据。

（三）非法证据排除

“以非法手段取得的证据，不得作为认定案件事实的根据。”非法手段，一般指的是违反法定程序收集的证据，非法搜查、扣押等取得的证据，通过秘密手段取得的证据，以利诱、欺诈、胁迫、暴力等不正当手段取得的证据等。在证据审查认定阶段，要将不合法的证据予以排除之后再认定行政处罚案件的事实。

九、行政处罚的全过程记录制度

《行政处罚法》第四十七条规定：“行政机关应当依法以文字、音像等形式，对行政处罚的启动、调查取证、审核、决定、送达、执行等进行全过程记录，归档保存。”行政处罚从开始到结束，全部都应当予以记录，即行政处罚的启动、调查取证、审核、决定、送达、执行等各个环节都包括在内。

（一）全过程记录的方式

全过程记录的方式包括文字、音像等，文字主要指的是在行政处罚过程中，各个节点的内部申请和批准的表格、现场记录和听证记录等形成的文字资料等。以行政处罚普通程序为例，一般包括立案、调查取证、告知、审核、决定、送达、执行几个环节。在立案阶段，要记录案件来源，一般都要求行政处罚主体如实填写《案件来源登记表》，属于检查工作中发现线索的，要有现场笔录和有关人员的询问笔录；属于群众举报的，要有举报人笔录或举报记录表；属于受害人申诉、投诉和控告或违法行为人投案的，应当做好笔录并收集整理其提供的材料；属于上级机关交办和有关部门移送的，要办理好交接手续并保存好转交的材料。对于相关的材料和线索一般应当在七个工作日左右核查完毕，然后决定是否立案，如果立案的话，应当填写《立案审批表》，报请立案。所谓全过程留痕，指的是在行政处罚程序进行的过程中，行政处罚机关的所有行为、决定等，都应当如实得到文字或音像的记录。

音像主要指的是通过执法记录仪、固定的电子设备等记录的行政处罚过程。对行政执法过程进行全程记录，一方面是用于规范行政处罚主体的行为，推进执法规范化；另一方面是在相对人提出异议时，证明行政处罚行为的合法性。

（二）全过程记录的结果

对行政处罚的全过程记录，应当在行政处罚行为结束后，形成案卷并归档保存。

为规范行政执法行为，推进依法行政，从中央到地方都在积极推进行政处罚的案卷评查工作。案卷评查中界定的行政处罚案卷，指的是按照法律、法规、规章的规定和档案管理的要求，将行政处罚实施过程中收集的证据、制作的文书等材料进行整理归档而形成的卷宗材料。案卷评查基本是一案一评一查，案卷评查工作实际上是对行政处罚全程记录和归档的自我约束和要求，而规范的案卷，对于保障行政处罚行为的规范化、保障相对人合法权益、落实《行政处罚法》所确立的各项程序制度，也具有重要的价值。

十、处罚决定公开

《行政处罚法》第四十八条规定："具有一定社会影响的行政处罚决定应当依法公开。公开的行政处罚决定被依法变更、撤销、确认违法或者确认无效的，行政机关应当在三日内撤回行政处罚决定信息并公开说明理由。"处罚决定公开的关键词包括：具有一定社会影响、依法公开以及公开的撤回和说明理由。

1. 行政处罚决定公开的范围

需要指出的是，不是所有的行政处罚决定都必须公开。《行政处罚法》第四十八条规定的是具有一定社会影响的行政处罚决定应当依法公开，采用的是客观标准，相对于《政府信息公开条例》规定的主观标准更加合理。适用时需要注意：

（1）行政处罚决定的公开应当实现保障公民知情权、保护相对人权益和社会成本之间的平衡。行政处罚决定公开的制度价值毋庸赘述，但一方面要避免处罚决定公示给当事人带来的"二次惩戒"，另一方面也应当考虑公示的成本和价值，由此来确定"具有一定社会影响"的标准，并建立行政处罚决定的分类公示机制。对不同类型的案件，公示的详细程度、公示的方式等应当有所区分。

（2）“具有一定社会影响”的标准应当充分调研，在总结行政处罚案件的实践基础上，确定客观的标准，如涉及重大人身权和财产权的案件、自由裁量空间较大的案件、社会广泛关注的案件等。

2. 行政处罚决定的依法公开

从制度功能来讲，行政处罚决定向社会公开，主要指的是以企业和其他社会组织为处罚对象的行政处罚决定。以公民为对象的行政处罚决定，原则上是向处罚当事人公开，保障当事人的知情权、救济权和监督权。“依法”二字是对行政处罚决定公开提出的基本要求，除《行政处罚法》、信息公开立法外，其他法律法规中对于处罚决定公开、公民隐私权保护等的相关规定，也应当遵守。对于企业而言，也要注意处罚决定公开后对被处罚者正常合法的生产、经营活动的影响，避免“二次处罚”的结果。另外，对《政府信息公开条例》中规定的主动公开、依申请公开、不得公开等情形，也应当严格区分并遵守。如果某类案件的行政处罚属于不得公开或者依申请公开的情形，则不应当归入主动公开的范畴。

3. 已公开行政处罚决定的撤回

公开的行政处罚决定被依法变更、撤销、确认违法或者确认无效的，行政机关应当在三日内撤回行政处罚决定信息并公开说明理由，将对相对人的影响降到最小。

十一、快速、从重处罚

《行政处罚法》第四十九条规定：“发生重大传染病疫情等突发事件，为了控制、减轻和消除突发事件引起的社会危害，行政机关对违反突发事件应对措施的行为，依法快速、从重处罚。”

（一）关于快速处罚和简易程序

快速处罚不等于简易程序，快速处罚的案件是在一定条件下，对原本应当适用一般程序的案件，通过简化取证和审核审批手续等方式实现快速处理。《公安机关办理行政案件程序规定》第六章第二节专门规定了快速办理程序，其中第四十条规定：“对不适用简易程序，但事实清楚，违法嫌疑人自愿认错认罚，且对违法事实和法律适用没有异议的行政案件，公安机关可以通过简化取证方式和审核审批手续等措施快速办理。”简易程序的适用范围在法律法规中有明确的规定，《行政处罚法》第五十一条规定可以适用简易程序的案件是违法事实确凿并有法定依据，对公民处以200元以下、对法人或者其他组织处以3000元以下罚款或者警告的案件，适用简易程序的案件可以当场作出行政处罚决定。

（二）突发事件应对措施

突发事件应对措施指的是突发事件发生后，政府及其职能部门在第一时间依法及时采取的有针对性的人员救助、事态控制、公民基本生活保障等方面的措施。《中华人民共和国突发事件应对法》第四十九条规定，自然灾害、事故灾难或者公共卫生事件发生后，履行统一领导职责的人民政府可以采取一项或者多项应急处置措施。《中华人民共和国传染病防治法》第四十二条规定，传染病暴发、流行时，县级以上地方人民政府应当立即组织力量，按照预防、控制预案进行防治，切断传染病的传播途径，必要时，报经上一级人民政府决定，可以采取系列紧急措施并予以公告。

根据《行政处罚法》的规定，突发事件应对机关，在采取法定突发事件应对措施时，对于妨碍上述措施采取或者应对的相对人、单位组织等，可以依法采用快速程序，从重处罚。

(三) 关于依法快速、从重处罚

“依法”二字是对突发事件应对期间行政处罚权行使的限制，无论是快速处罚还是从重处罚，都必须在法律法规规定的案件范围、处罚程序以及裁量基准的范围内行使，不得突破法律法规的限制，也应当符合法律目的和最小侵害及利益衡量原则。

十二、保密规定

《行政处罚法》第五十条规定：“行政机关及其工作人

员对实施行政处罚过程中知悉的国家秘密、商业秘密或者个人隐私，应当依法予以保密。”

（一）保守秘密的主体

行政处罚实施过程中保守秘密的主体包括办案人员、审核人员、听证人员、鉴定人员等，凡是可能在行政处罚过程中接触到国家秘密、商业秘密和个人隐私的人员，都属于保密的主体。

（二）保守秘密的方式和期限

目前，相关法律法规规定了保守秘密的义务，而一般没有明确保守秘密的方式和期限。《行政处罚法》第五十条规定应当“依法”保守秘密，对于国家秘密、商业秘密和个人隐私，在保守的方式和期限上，差异较为明显。

根据《中华人民共和国保守国家秘密法》第十五条和《中华人民共和国保守国家秘密法实施条例》第八条的规定，国家秘密分为不同的密级，不同密级的保密时限是不同的，绝密级一般不超过 30 年，机密级一般不超过 20 年，秘密级一般不超过 10 年。《民法典》第五百零一条规定，当事人在订立合同过程中知悉的商业秘密或者其他应当保密的信息，无论合同是否成立，不得泄露或者不正当地使用；泄露、不正当地使用该商业秘密或者信息，造成对方损失的，应当承担赔偿责任。因此，商业秘密的保守也属于法定义务，一般通过合同来约定保密期限，如果合同中没有约定，该项商业秘密没有公开，仍然具有经济价值，且权利人采取了合理的保密措施，仍然属于商业秘密，知悉的单位和个人应当继续履行保密义务。对于个人隐私，原则是应当终身保守秘密。

保守秘密的方式，与如何界定秘密的泄露密切相关，对于国家秘密、商业秘密和个人隐私，除不得泄露外，使用或者允许他人披露、使用等行为，都属于没有履行保密义务，应当依法承担相应的民事、行政及刑事责任。

第二节 简易程序

一、适用条件

行政处罚简易程序即当场处罚程序，指行政处罚主体在满足法定条件的前提下，对相对人在违法现场当即进行行政处罚的制度。《行政处罚法》第五十一条规定："违法事实确凿并有法定依据，对公民处以二百元以下、对法人或者其他组织处以三千元以下罚款或者警告的行政处罚的，可以当场作出行政处罚决定。法律另有规定的，从其规定。"据此，适用简易程序当场作出行政处罚决定的案件需要满足下列条件：

第一，违法事实确凿并有法定依据。违法事实确凿一般指的是违法行为的事实和后果都比较清楚，执法人员和当事人对此没有争议，无需进一步调查核实。如果需要进一步调查核实，就不能适用简易程序。而法定依据，一般指的是对该行为进行行政处罚要有法律依据，依法处罚，不得随意创设。

第二，对公民拟进行的行政处罚种类和幅度为 200 元以下的罚款或者警告。

第三，对法人或其他组织拟进行的行政处罚种类和幅度为 3000 元以下的罚款或者警告。

第四，特别法如果有其他规定，如《中华人民共和国出境入境管理法》第八十六条规定“对违反出境入境管理行为处五百元以下罚款的，出入境边防检查机关可以当场作出处罚决定”，则适用特别法的规定。

二、具体程序

简易程序不是没有程序，只是相对于普通程序而言，简易程序更为简单、方便、易行，行政处罚人员应当遵守相应的规则，不可任意而为。《行政处罚法》第五十二条规定：“执法人员当场作出行政处罚决定的，应当向当事人出示执法证件，填写预定格式、编有号码的行政处罚决定书，并当场交付当事人。当事人拒绝签收的，应当在行政处罚决定书上注明。前款规定的行政处罚决定书应当载明当事人的违法行为，行政处罚的种类和依据、罚款数额、时间、地点，申请行政复议、提起行政诉讼的途径和期限，行政机关名称，并由执法人员签名或者盖章。执法人员当场作出的行政处罚决定，应当报所属行政机关备案。”

（一）表明执法身份

行政处罚人员向被处罚人表明执法身份，是行政处罚主体合法的必要形式与条件，表明身份的方式是出示执法证件。如果行政处罚的执法人员没有表明执法身份，当事人可以拒绝接受处罚。

（二）当场填写行政处罚决定书

行政处罚决定书是有预定格式的，也有编号，一般是为当场处罚而设置的，以适应案件事实清晰、案情简单以及当场填写的需要。当场处罚的处罚决定书虽然是统一格式，但是应当载明的内容是法定的，《行政处罚法》第五十二条第二款规定的当事人的违法行为，行政处罚的种类和依据、罚款数额、时间、地点，申请行政复议、提起行政诉讼的途径和期限，行政机关名称以及执法人员的签名或者盖章等，都应当载明。

（三）送达与备案

简易程序的处罚决定书当场制作、当场送达，即当场交付给被处罚人。当场交付时，被处罚人拒绝签收的，也不再适用其他送达方式送达，在处罚决定书上注明即可。备案意味着适用简易程序的当场处罚决定也是行政主体而非现场处罚的执法人员个人作出的，备案一方面明确了处罚主体，另一方面也意味着报备并接受监督审查，同时简易程序的处罚决定也应当形成案卷，归档保存。

三、简易处罚决定的执行

《行政处罚法》第五十三条规定："对当场作出的行政处罚决定，当事人应当依照本法第六十七条至第六十九条的规定履行。"该规定明确了两个问题：

（一）罚缴分离为原则

根据《行政处罚法》第六十七条的规定，罚款决定实行罚缴分离，被处罚人应当按照处罚决定书上载明的方式和期限缴纳罚款。

（二）当场收缴的范围

根据《行政处罚法》第六十八条和第六十九条的规定，依照简易程序作出的处罚决定，100 元以下罚款的和不当场收缴事后难以执行的，可以当场收缴罚款。另外，在边远、水上、交通不便的地区，当事人到指定的银行或者通过电子支付系统缴纳罚款确实有困难，经当事人申请的，行政机关及其执法人员也可以当场收缴罚款。

第三节　普通程序

行政处罚普通程序是大多数行政处罚案件所适用的程

序，《行政处罚法》对其作出了明确规定。

一、调查程序

《行政处罚法》第五十四条规定：“除本法第五十一条规定的可以当场作出的行政处罚外，行政机关发现公民、法人或者其他组织有依法应当给予行政处罚的行为的，必须全面、客观、公正地调查，收集有关证据；必要时，依照法律、法规的规定，可以进行检查。符合立案标准的，行政机关应当及时立案。”

（一）调查程序为必经程序

除可以当场作出的行政处罚外，所有行政处罚决定在作出之前，都必须经过调查程序。行政机关在调查时负有全面、客观、公正的调查职责，收集与案件相关的证据，排除与案件无关的证据。有关“全面”“客观”“公正”的解释需从司法实务中寻找，进而归纳总结出认定标准。例如，在苏某某与中国证监会金融管理行政处罚及行政复议案中，北京市高级人民法院对“全面”“客观”“公正”作出了解释。①“全面”即在内容上既包括对相对人有利的证据，也包括对相对人不利的证据；在范围上既要向涉嫌违法的相对人进行调查，也要向了解案件事实的直接当事人和利害关系人进行调查，特别是案件涉及的直接当事方，是案件事实的直接经历者，也是权利攸关方，理当成

---

① 北京市高级人民法院（2018）京行终445号行政判决书。

为行政调查不可或缺的对象。“客观”即避免主观随意性，遵循证据相互印证的规则，将调查来的直接证据和间接证据、直接当事方证言与其他了解案情的证人证言相互比对，提升据以认定事实的客观性。“公正”即调查收集证据不得偏私或武断，不仅要做到调查手段和程序合法，还应当以当事人看得见的方式实现全面客观调查收集证据的目标。在该案中，中国证监会认定苏某某为内幕信息知情人，除相关会议记录以及其他相关人员的证人证言外，还必须向苏某某本人进行调查询问，除非穷尽调查手段而客观上无法向苏某某本人进行调查了解。法院认为证监会未穷尽必要的调查方式和手段，因此属于调查不全面。[①]

（二）检查非必经程序

在必要时，依照有关法律、法规的规定，可以选择进行检查。只有在必要时，才可以采取检查这一执法手段，同时，检查需有法律法规的明文规定。例如，《中华人民共和国海关行政处罚实施条例》第三十五条、第三十六条规定：“海关依法检查走私嫌疑人的身体……”“海关依法检查运输工具和场所，查验货物、物品……”

（三）立案程序及标准

立案程序先于调查、检查，《行政处罚法》明确规定：

---

① 《为何这起证券行政处罚被撤销——北京高院判决详解内幕交易调查规则与标准》，载北京法院网，http：//bjgy. chinacourt. org/article/detail/2018/07/id/3395185. shtml，最后访问时间：2021 年 2 月 7 日。

“符合立案标准的，行政机关应当及时立案。”立案标准是认定“应当给予行政处罚的行为”的标准，立案程序的设置旨在缩小行政处罚的适用范围。不同行政执法领域的立案标准不同，立案标准由具体的法律、法规、规章进行规定。

二、调查、检查程序中的义务

《行政处罚法》第五十五条规定：“执法人员在调查或者进行检查时，应当主动向当事人或者有关人员出示执法证件。当事人或者有关人员有权要求执法人员出示执法证件。执法人员不出示执法证件的，当事人或者有关人员有权拒绝接受调查或者检查。当事人或者有关人员应当如实回答询问，并协助调查或者检查，不得拒绝或者阻挠。询问或者检查应当制作笔录。”

（一）执法人员在调查或检查时有出示执法证件的义务

执法证件是行政执法人员从事行政执法工作的身份证明，在不同的行政执法领域，执法证件的名称、申领、管理及制式不尽相同。调查取证是行政处罚普通程序中的第一个步骤，调查、检查是查明当事人违法事实以作出行政处罚的两种手段。表明身份是调查的必经程序，行政机关需主动向当事人或有关人员出示执法证件，证明主体资格的合法性。实施调查、检查的执法人员应当佩戴公务标志、随身携带并出示有效的执法资格证件以及其他特定的证件。执法人员未表明身份的，构成行政程序瑕疵或程序违法，当事人或有关人员有权拒绝接受调查或检查。执法人员应主动出示证件，而不是在当事人的要求下才出示。为保证行政机关履行义务，法律赋予了当事人相应的权利。当事人或有关人员有权要求执法人员出示执法证件；若执法人员拒绝出示，当事人或有关人员有权拒绝接受调查或者检查。

（二）被调查人员有如实回答询问、协助调查或检查的义务

行政处罚中的调查、检查具有强制性，被调查人员承担必须接受调查的法定义务，若当事人拒绝调查，行政机关可提请公安机关、检察机关、监察机关或相关部门协助，或者依据相关规定作出决定。

（三）执法人员针对调查、检查的内容有义务制作笔录

制作笔录属于具有强制约束力的程序，行政机关将根据笔录内容作出行政处罚决定，对相对人的合法权益产生实质影响，直接关系到行政行为的合法性。

三、收集证据的方式

《行政处罚法》第五十六条规定："行政机关在收集证据时，可以采取抽样取证的方法；在证据可能灭失或者以后难以取得的情况下，经行政机关负责人批准，可以先行登记保存，并应当在七日内及时作出处理决定，在此期

间，当事人或者有关人员不得销毁或者转移证据。”

（一）抽样取证的适用情形

抽样取证主要适用于证据数量较多的情形，主要分为两种方式：一是在总体中抽取部分直接作为证据；二是从种类物中抽取部分进行鉴定，以鉴定结论作为证据。采取抽样的方式收集证据有利于降低执法成本、提高行政效率。法律法规未明确规定抽样取证的适用范围。

（二）先行登记保存的适用条件

实施证据先行登记保存是行政执法机关在进行调查过程中遇到特殊、紧急情况时所采取的一项证据保全措施，它在适用时必须符合下列条件：第一，在证据可能灭失或者以后难以取得的情况下实施；第二，在七日内作出处理决定；第三，经行政执法机关负责人的批准；第四，登记保存的物品是与违法行为直接关联的证据；第五，对采取保全的物品进行登记。例如，《中华人民共和国银行业监督管理法》第四十二条第一款第三项规定：“银行业监督管理机构依法对银行业金融机构进行检查时，经设区的市一级以上银行业监督管理机构负责人批准，可以对与涉嫌违法事项有关的单位和个人采取下列措施……（三）对可能被转移、隐匿、毁损或者伪造的文件、资料，予以先行登记保存。”“证据可能灭失或者以后难以取得的情况”并无法定标准，由行政机关自行确定。

采取先行登记保存措施时，行政机关应向相对人发出证据登记保存清单，并在七日内对涉案先行登记保存的证据依法作出处理，告知相对人接受处理、领回被登记保存的证据。在证据保存期间，当事人或有关人员需履行不销毁、不转移证据的义务。

四、审查程序

《行政处罚法》第五十七条规定："调查终结，行政机关负责人应当对调查结果进行审查，根据不同情况，分别作出如下决定：（一）确有应受行政处罚的违法行为的，根据情节轻重及具体情况，作出行政处罚决定；（二）违法行为轻微，依法可以不予行政处罚的，不予行政处罚；（三）违法事实不能成立的，不予行政处罚；（四）违法行为涉嫌犯罪的，移送司法机关。对情节复杂或者重大违法行为给予行政处罚，行政机关负责人应当集体讨论决定。"

（一）审查程序为行政处罚决定作出的必经程序，但适用简易程序的除外

调查结束后，执法人员将调查结果和处理意见送交行政机关负责人进行审查，这是行政处罚职权分离原则的要求，旨在使行政机关内部相互制约，防止出现权力过于集中导致的各种弊端。

（二）不予行政处罚的情形

不予处罚需要遵守法律具体规定，例如，《行政处罚

法》第三十条、第三十一条、第三十三条规定，不满 14 周岁的未成年人实施的违法行为，精神病人、智力残疾人在不能辨认、控制自己行为时实施的违法行为，违法行为轻微并及时纠正，没有造成危害后果的，当事人有证据证明没有主观过错的，不予行政处罚。初次违法且危害后果轻微并及时改正的，可以不予行政处罚。又如，《治安管理处罚法》第十四条规定，盲人或者又聋又哑的人违反治安管理的，可以从轻、减轻或者不予处罚。

（三）行政处罚决定与违法情节相适应，即过罚相当原则

根据违法情节的轻重选择与之相适应的处罚种类、处罚幅度，行政处罚的种类分为人身罚、财产罚、行为罚、资格罚、申诫罚。《行政处罚法》第三十二条规定了依法从轻或者减轻行政处罚的情形，从轻处罚是指在最低限以上适用较低限的处罚，减轻处罚是指在最低限以下处罚。若违背过罚相当原则，将导致行政处罚结果显失公正，法院有权依法判决变更。

（四）涉嫌犯罪的移送司法机关

依据《刑法》第十三条规定的犯罪概念，违法行为具有严重社会危害性、刑事违法性、刑事可罚性时即构成犯罪。对犯罪的侦查、审查起诉、审判，应当分别由公安机关、检察机关、审判机关行使。因此，行政机关负责人经

过审查，认为行为人违法行为达到构成犯罪的标准，应移交司法机关处理，使具有犯罪行为的行为人依法受到刑罚处罚，不能以行政处罚代替刑罚。根据《行政处罚法》第八条第二款的规定，违法行为构成犯罪，应当依法追究刑事责任的，不得以行政处罚代替刑事处罚。根据行政强制法第二十一条的规定，当行政机关将涉嫌犯罪的违法行为移送司法机关时，“应当将查封、扣押、冻结的财物一并移送，并书面告知当事人”。

（五）实践中对情节复杂、重大违法行为的认定

行政机关自行认定因情节复杂而适用特殊程序的案件。例如，在某公安局治安行政处罚案中，公安局以“案件情节复杂”为由延长办案期限，但并未对其作出的处罚决定进行集体讨论，法院认为属于应经集体讨论的处罚决定，公安局违反法定程序。

（六）未经集体讨论的行政处罚决定应予撤销

集体讨论是程序正当的必然要求。按照《行政处罚法》的规定，行政处罚程序一般包括立案、调查、审查、告知、决定和执行等程序。其中行政处罚的决定程序则包括简易程序、普通程序和听证程序，除适用简易程序由执法人员当场作出行政处罚决定外，对于适用普通程序和听证程序的行政处罚案件，一般案件应由执法人员调查终结后，行政机关负责人对调查结果进行审查并单独决定；重

大行政处罚案件往往在历经听证程序后由行政机关负责人集体讨论决定。因此，集体讨论是行政机关作出行政处罚的重要程序，具有独特的程序价值和重要意义。在行政处罚中，集体讨论的功能在于：

第一，对情节复杂的案件，要么法律关系错综复杂，存在法律适用之困扰，要么人数众多，违法事实难以完全厘清，要么案件证据难以收集，需要延长办案期限等。鉴于上述种种情形，承办案件的执法人员就很难顺利得出处罚结论而直接报请行政机关负责人作出决定，发挥集体讨论的群体智慧优势当数最佳选择。

第二，对重大违法行为给予较重行政处罚的案件，因违法行为重大、处罚程度较重，往往涉及营业资格的丧失、人身自由的限制、大额金钱的罚没，会对相对人的权益产生较大影响，故行政机关负责人在作出决策时应采取慎重态度，对自由裁量权加以限制和规范，通过广泛听取各个负责人的意见，促进科学决策。因此，集体讨论是较重行政处罚决定公正合理的程序性保障。

五、法制审核

《行政处罚法》第五十八条规定："有下列情形之一，在行政机关负责人作出行政处罚的决定之前，应当由从事行政处罚决定法制审核的人员进行法制审核；未经法制审核或者审核未通过的，不得作出决定：（一）涉及重大公共利益的；（二）直接关系当事人或者第三人重大权益，经过听证程序的；（三）案件情况疑难复杂、涉及多个法律关系的；（四）法律、法规规定应当进行法制审核的其他情形。行政机关中初次从事行政处罚决定法制审核的人员，应当通过国家统一法律职业资格考试取得法律职业资格。”

（一）法制审核的概念

法制审核，顾名思义，是对行政处罚决定的合法性进行审核。审核内容包括：行政执法主体合法性，行政执法人员的执法资格；行政执法程序是否合法；案件事实是否清楚，证据是否合法充分；适用法律、法规、规章是否准确，裁量基准运用是否适当；执法是否超越执法机关法定权限；行政执法文书是否完备、规范；违法行为是否涉嫌犯罪、需要移送司法机关等。法制审核机构完成审核后，要根据不同情形，提出同意或者存在问题的书面审核意见。行政执法承办机构要对法制审核机构提出的存在问题的审核意见进行研究，作出相应处理后再次报送法制审核。

（二）法制审核的适用范围

法制审核并非作出处罚决定的必经程序，主要适用于下列情形：第一，涉及重大公共利益的；第二，直接关系当事人或者第三人重大权益，经过听证程序的；第三，案件情况疑难复杂、涉及多个法律关系的；第四，法律、法规规定应当进行法制审核的其他情形。“法律、法规规定应当进行法制审核的其他情形”属于兜底条款，授权法规设定适用法制审核的情形，属于利长远的法律规范。

（三）法制审核的具体要求

《国务院办公厅关于全面推行行政执法公示制度执法全过程记录制度重大执法决定法制审核制度的指导意见》就如何规范法制审核提出了指导性意见。

1. 设立法制审核机构

法制审核队伍要做到正规化、专业化、职业化，法制审核人员应具有较高的政治素质、较强的业务能力、法律专业背景，原则上各级行政执法机关的法制审核人员不少于本单位执法人员总数的5%。充分发挥法律顾问、公职律师在法制审核工作中的作用，特别是针对基层存在的法制审核专业人员数量不足、分布不均等问题，探索建立健全本系统内法律顾问、公职律师统筹调用机制，实现法律专业人才资源共享。

2. 明确审核责任

行政执法机关主要负责人是推动落实本机关重大执法决定法制审核制度的第一责任人，对本机关作出的行政执法决定负责。要结合实际，确定法制审核流程，明确送审材料报送要求和审核的方式、时限、责任，建立健全法制审核机构与行政执法承办机构对审核意见不一致时的协调机制。行政执法承办机构对送审材料的真实性、准确性、完整性，以及执法的事实、证据、法律适用、程序的合法性负责。法制审核机构对重大执法决定的法制审核意见负责。因行政执法承办机构的承办人员、负责法制审核的人员和审批行政执法决定的负责人滥用职权、玩忽职守、徇私枉法等，导致行政执法决定错误，要依纪依法追究相关人员责任。

六、制作处罚决定书

《行政处罚法》第五十九条规定："行政机关依照本法第五十七条的规定给予行政处罚，应当制作行政处罚决定书。行政处罚决定书应当载明下列事项：（一）当事人的姓名或者名称、地址；（二）违反法律、法规、规章的事实和证据；（三）行政处罚的种类和依据；（四）行政处罚的履行方式和期限；（五）申请行政复议、提起行政诉讼的途径和期限；（六）作出行政处罚决定的行政机关名称和作出决定的日期。行政处罚决定书必须盖有作出行政处罚决定的行政机关的印章。"

（一）行政处罚决定书的性质

行政处罚决定书是行政机关出具的、载明该行政机关对当事人依法给予的行政处罚的法律文书，是针对特定自然人、法人或其他组织作出的行政处罚的书面证明，是行政相对人提起行政复议或行政诉讼的依据。行政机关作出行政处罚决定时必须制定行政处罚决定书。不同种类的行政处罚决定书样式各不相同。以公安交通管理行政处罚决定书为例，根据2020年《公安部关于印发〈道路交通安全违法行为处理法律文书（式样）〉的通知》的规定，“证据”栏填写作出行政处罚决定所依据的证据名称。“根据”栏填写作出行政处罚决定所依据的法律、法规的具体条、款、项。“处罚信息”栏填写处罚种类、具体内容。作出暂扣机动车驾驶证处罚的，应当注明机动车驾驶证是否转递，并填写到期领取机动车驾驶证的时间、地点。“被处罚人签名”栏由被处罚人签名，并注明签名时间。被处罚人的交通违法被记分的，应当注明分值。

（二）行政处罚决定书载明的违法事实

违法事实应当明确具体，包含认定的违法事实的时间、地点、经过、情节等事项，让当事人清楚知晓被处罚的事实依据，以达到警示违法行为不得再次发生的目的。载明的证据应当充分，足以认定违法事实存在。若不能达到记载目的，将导致行政处罚决定具有效力瑕疵。例如，在甲市生态环境局乙分局与某振动器公司行政处罚案中，被告因其制作的行政处罚决定书中载明的违法事实不清，一、二审法院均判决撤销其行政处罚决定。[①] 若对违法事

① 河南省安阳市中级人民法院（2020）豫05行终205号行政判决书，载中国裁判文书网，https：//wenshu. court. gov. cn/website/wenshu/181107ANFZ0BXSK4/index. html? docId=4718ed0f7c39406dbcc9ac910094a96a，最后访问时间：2022年2月20日。

实的时间、地点的记载发生书写错误，在司法实务中，通常认定为程序轻微瑕疵，但因对当事人权利不产生实际影响，不构成撤销行政行为的法定事由，法院只会确认行为违法。

（三）行政处罚的种类规定

行政处罚的种类、幅度在处罚决定书中均应予以明确。行政处罚的法律依据应当正确适用，处罚种类、处罚幅度不明确、法律适用错误都将影响处罚决定的效力。

（四）行政处罚的履行方式及期限

履行方式及期限依照各类行政处罚的具体规定确定。如《治安管理处罚法》规定，罚款处罚由当事人在收到处罚决定书之日起15日内自行到指定银行进行缴纳，在法定例外情形下，也可由人民警察当场收缴：被处50元以下罚款且被处罚人对罚款无异议的；在边远、水上、交通不便地区，被处罚人向指定的银行缴纳罚款确有困难，经被处罚人提出的；被处罚人在当地没有固定住所，不当场收缴事后难以执行的。

（五）申请行政复议或提起行政诉讼的期限或途径

行政相对人享有救济权，行政机关应履行告知义务。有关行政复议、行政诉讼的途径告知错误的情形，属于《行政复议法》第九条规定的“正当理由”、《行政诉讼法》第四十八条规定的“不属于其自身的原因”，被耽误的时间不计算在起诉期限内，参照《最高人民法院关于适用〈中华人民共和国行政诉讼法〉的解释》第六十四条的规定，适用一年诉讼时效。

（六）作出行政处罚决定书的机关名称及印章

行政处罚决定书应列明使用该文书的具有独立执法主体资格的行政机关的名称并加盖印章。受委托的组织或个人以委托机关的名义行使行政处罚权，使用的行政处罚决定书加盖委托机关的印章。印章印于“部门盖章处”。未加盖印章属于严重程序违法，处罚决定无效，行政处罚行为无效即行为不具有公定力、确定力、拘束力、强制力，当事人可以不履行行政处罚附加的义务。[①]

七、作出决定的期限

《行政处罚法》第六十条规定：“行政机关应当自行政处罚案件立案之日起九十日内作出行政处罚决定。法律、法规、规章另有规定的，从其规定。”

（一）普通程序的办理期限

该条款规定的是适用普通程序的办理期限，不包括适用简易程序的案件，简易程序需当场作出处罚决定。办理期限自立案之日起计算，立案程序为2021年修订的《行政

① 河南省开封市中级人民法院（2020）豫02行终177号行政判决书，载中国裁判文书网，https://wenshu.court.gov.cn/website/wenshu/181-107ANFZ0BXSK4/index.html?docId=06c62d7be93946208c7cac8400a4c1ce，最后访问时间：2022年2月20日。

处罚法》新增程序，规定于第五十四条第二款。“九十日内”包含本数。

（二）法律法规另有规定，从其规定

《行政处罚法》对于期限的规定属于一般性规定，授权其他法律法规可以对办理期限进行与执法领域的需要相适应的规定。若其他法律法规作出了具体规定，则不受90日的限制。例如，在治安管理领域，公安机关办理案件原则上不得超过30日，案情重大可延长至60日。又如，在市场监管领域，市场监督管理部门办理案件原则上不得超过90日，案情重大可延长至120日。

（三）超期办理的法律后果

行政机关因案情重大、复杂需延长办理期限的，需遵循相应的程序，如行政机关经延期仍不能作出处理决定的，应当由机关负责人集体讨论决定是否继续延期，决定继续延期的，应当同时确定延长的合理期限。超期办理属于程序违法，但若超期办理并未对相对人的权利产生实质影响，在司法实践中，法院判决确认违法，但不撤销处罚决定。①

① 参见江苏省盐城市中级人民法院（2020）苏09行终585号行政判决书，载中国裁判文书网，https：//wenshu. court. gov. cn/website/wenshu/181217BMTKHNT2W0/index. html？ pageId = d239521234cb7e1f47989795257-cbb1b&s7 = %E6%B5%8E%E8%A1%8C%E7%BB%88%E5%AD%97%E7%AC%AC347%E5%8F%B7，最后访问时间：2022年2月20日。

八、交付、送达处罚决定书

《行政处罚法》第六十一条规定："行政处罚决定书应当在宣告后当场交付当事人；当事人不在场的，行政机关应当在七日内依照《中华人民共和国民事诉讼法》的有关规定，将行政处罚决定书送达当事人。当事人同意并签订确认书的，行政机关可以采用传真、电子邮件等方式，将行政处罚决定书等送达当事人。"

关于送达方式，《中华人民共和国民事诉讼法》（以下简称《民事诉讼法》）具体规定了直接送达、留置送达、委托送达、邮寄送达、公告送达、传真或电子邮件等能够确认其收悉的六种送达方式。直接送达属于一般送达方式。留置送达适用于受送达人或其同住的成年家属拒绝接收的情形。委托送达、邮寄送达、公告送达适用于特殊情形。

直接送达规定于《民事诉讼法》第八十八条第一款，即"送达诉讼文书，应当直接送交受送达人。受送达人是公民的，本人不在交他的同住成年家属签收；受送达人是法人或者其他组织的，应当由法人的法定代表人、其他组织的主要负责人或者该法人、组织负责收件的人签收；受送达人有诉讼代理人的，可以送交其代理人签收；受送达人已向人民法院指定代收人的，送交代收人签收"。

留置送达规定于《民事诉讼法》第八十九条，即"受送达人或者他的同住成年家属拒绝接收诉讼文书的，送达人可以邀请有关基层组织或者所在单位的代表到场，说明情况，在送达回证上记明拒收事由和日期，由送达人、见证人签名或者盖章，把诉讼文书留在受送达人的住所；也可以把诉讼文书留在受送达人的住所，并采用拍照、录像等方式记录送达过程，即视为送达”。

委托送达和邮寄送达规定于《民事诉讼法》第九十一条、第九十二条、第九十三条，即“直接送达诉讼文书有困难的，可以委托其他人民法院代为送达，或者邮寄送达……”“受送达人是军人的，通过其所在部队团以上单位的政治机关转交。”“受送达人被监禁的，通过其所在监所转交。受送达人被采取强制性教育措施的，通过其所在强制性教育机构转交。”

公告送达规定于《民事诉讼法》第九十五条，即“受送达人下落不明，或者用本节规定的其他方式无法送达的，公告送达。自发出公告之日起，经过三十日，即视为送达。公告送达，应当在案卷中记明原因和经过”。

《行政处罚法》第六十一条第二款“当事人同意并签订确认书的，行政机关可以采用传真、电子邮件等方式，将行政处罚决定书等送达当事人”，是对近年来电子政务、电子政府中新采用的技术手段予以明确规定，提供更为明晰的法律依据。

第四节　听证程序

听证程序是指行政主体在制定行政规范和作出行政处理过程中，与行政相对人以及其他行政程序参与人就拟定行政决定内容、事实依据、法律依据等进行说明、申明意见、辩论、聆听的程序。1996 年《行政处罚法》首次对听证程序作出规定，2021 年修订的《行政处罚法》扩大了听证程序的适用范围，进一步完善了听证程序，有利于当事人充分维护和保障自身权益，增强行政处罚决定的合理性和可接受性。

一、适用范围

《行政处罚法》第六十三条规定："行政机关拟作出下列行政处罚决定，应当告知当事人有要求听证的权利，当事人要求听证的，行政机关应当组织听证：（一）较大数额罚款；（二）没收较大数额违法所得、没收较大价值非法财物；（三）降低资质等级、吊销许可证件；（四）责令停产停业、责令关闭、限制从业；（五）其他较重的行政处罚；（六）法律、法规、规章规定的其他情形。"此规定确立了行政处罚听证的范围。

（一）较大罚款数额的界定

并非所有罚款都要听证，只有较大数额罚款才属于听证范围。《行政处罚法》未明确“较大数额罚款”的范围，鉴于不同执法领域以及不同地域的经济发展水平各不相同，《行政处罚法》不宜进行统一规定，而由各执法领域的法律、地方性法规和规章进行规定。例如，《治安管理处罚法》第九十八条规定，公安机关作出吊销许可证以及处2000元以上罚款的治安管理处罚决定前，应当告知违反治安管理行为人有权要求举行听证。又如，《中华人民共和国海关行政处罚实施条例》第四十九条第一款规定，对公民处以1万元以上罚款、对法人或其他组织处以10万元以上罚款的，应当告知其享有听证权。

（二）没收较大数额违法所得、没收较大价值非法财物

没收违法所得、没收非法财物属于《行政处罚法》第九条规定的行政处罚种类之一。《中华人民共和国海关行政处罚实施条例》中作出了类似规定。《中华人民共和国海关行政处罚实施条例》第四十九条第一款规定：“……没收有关货物、物品、走私运输工具等行政处罚决定之前，应当告知当事人有要求举行听证的权利；当事人要求听证的，海关应当组织听证。”《行政处罚法》规定没收较大数额违法所得、没收较大价值非法财物属于听证范围。

关于“较大数额”“较大价值”的界定。《市场监督管理行政处罚听证办法》第五条第一款第三项和第四项规定：“……（三）对自然人处以一万元以上、对法人或者

其他组织处以十万元以上罚款；（四）对自然人、法人或者其他组织作出没收违法所得和非法财物价值总额达到第三项所列数额的行政处罚……”即对自然人而言，1万元以上（包含1万元）属于较大数额，对法人或其他组织而言，10万元以上（包含10万元）属于较大数额、较大价值，对此可以参照。

（三）降低资质等级、吊销许可证件

吊销许可证件是原《行政处罚法》已明确列入听证范围的事项，而降低资质等级既是2021年修订后的《行政处罚法》新增的行政处罚种类，也是新增的属于听证范围的事项。资质等级是企业从业资格的证明，按照企业注册资本、技术人员、技术装备和业绩等各方面因素为划分依据，经资质审查合格，取得相应等级的资质证书后，方可在其资质等级许可的范围内从事相应的营利活动，不得超越资质许可的范围进行活动。[①] 降低资质等级是2021年修订新增的处罚种类，在个别领域已有将降低资质等级作为处罚种类之一的先例。例如，《中华人民共和国建筑法》第六十五条第二款规定：“超越本单位资质等级承揽工程的，责令停止违法行为，处以罚款，可以责令停业整顿，降低资质等级……”

---

① 《中华人民共和国建筑法》第十三条。

（四）责令停产停业、责令关闭、限制从业

责令关闭、限制从业是实践中比较常见的行政处罚，被纳入《行政处罚法》第九条规定的处罚种类。责令关闭是在责令停产停业不足以实现惩戒目的时而适用的处罚，较责令停产停业更为严厉；限制从业是针对公民个人在行业内实施的严重违法行为而适用的处罚。责令关闭、限制从业作为一般性的处罚种类在特别法中均有明确规定，如《中华人民共和国水污染防治法》第六十六条第一款规定，在饮用水水源二级保护区内已建成的排放污染物的建设项目，由县级以上人民政府责令拆除或者关闭。《中华人民共和国证券法》第一百二十四条第二款规定，因违法行为或者违纪行为被解除职务的证券行业负责人、工作人员等五年内不得担任证券公司的董事、监事、高级管理人员。三者均属于行政处罚听证事项。

（五）其他较重的行政处罚

该项属于兜底条款，适用于前面四项没有明确列举但又确实对当事人合法权益影响较大的行政处罚。同时，除上述列举的情形外，法律、行政法规、部门规章也可以规定应当听证的情形。例如，《证券交易所管理办法》第十三条第二款规定："证券交易所采取纪律处分的，应当依据纪律处分委员会的审核意见作出。纪律处分决定作出前，当事人按照业务规则的规定申请听证的，证券交易所应当组织听证。”同时，应当听证的行政处罚需达到一定严重程度，与上述处罚的严重程度相当，类似申诫罚等对当事人权益影响不大的处罚则无须进行听证。

二、具体程序

根据《行政处罚法》第六十四条、第六十五条规定，听证的具体程序包括：

（一）行政机关告知和当事人提出申请

行政机关拟作出属于听证范围的行政处罚决定，应当告知当事人有要求听证的权利，当事人要求听证的，应当在行政机关告知后五日内提出。

（二）通知听证的期限和内容

行政机关在举行听证的七日前，应当通知当事人听证的时间、地点。在行政组织听证之前，应当给当事人以必要的准备期限，本法将这一期限规定为七日。行政机关必须履行在听证的七日前将举行听证的时间和地点通知当事人的义务。

（三）听证主持人

听证由行政机关指定的非本案调查人员主持，即听证主持人。听证主持人是指行政机关负责人指定的具体负责主持听证工作的人员。为确保听证程序的公正性，听证主持人不得由该案的执法人员担任。当事人在听证过程中享有依法申请回避的权利，如果当事人对主持人有异议，则其有权申请该主持人回避。如果行政机关认为当事人的异议申请成立，则应该另行指定听证程序的主持人。

（四）当事人参与听证的方式

具体参与方式有两种：一是亲自参与；二是委托他人参与。如果当事人委托他人代理参与，则需履行法定的委托手续。代理人代理他人参与听证需有明确授权，必须合法享有代理权。同时，代理人的人数不得超过两人。

（五）听证公开的要求

听证原则上应当公开举行，但涉及国家秘密、商业秘密或者个人隐私依法予以保密的除外。

（六）听证笔录及其效力

听证应当制作笔录。笔录应当交当事人或者其代理人核对无误后签字或者盖章。当事人或者其代理人拒绝签字或者盖章的，由听证主持人在笔录中注明。听证结束后，行政机关应当根据听证笔录依法作出决定。

※ 本章练习题 ※

一、单选题

1. 关于行政处罚的一般规定，下列说法错误的是：（　　）。

A. 行政机关依照法律、行政法规规定利用电子技术监控设备收集、固定违法事实的，应当经过法制和技术审核，确保电子技术监控设备符合标准、设置合理、标志明显，设置地点应当向社会公布

B. 对于电子技术监控设备记录违法事实，行政机关应当审核记录内容是否符合要求；未经审核或者经审核不符合要求的，不得作为行政处罚的证据

C. 对于电子技术监控设备记录违法事实，行政机关应当及时告知当事人违法事实，并采取信息化手段或者其他措施，为当事人查询、陈述和申辩提供便利

D. 行政处罚过程中，行政机关必须充分听取当事人的意见，行政机关可以因当事人陈述、申辩而给予更重的处罚

答案：D。

解析：根据《行政处罚法》第四十一条规定，A、B、C项正确。

根据《行政处罚法》第四十五条规定，当事人有权进行陈述和申辩，行政机关必须充分听取当事人的意见，对当事人提出的事实、理由和证据，应当进行复核；当事人提出的事实、理由或者证据成立的，行政机关应当采纳。行政机关不得因当事人陈述、申辩而给予更重的处罚。因此D项错误。

2. 关于行政处罚的简易程序，下列说法错误的是：（ ）。

A. 执法人员作出行政处罚决定的，应当向当事人出示执法证件

B. 执法人员作出行政处罚决定的，应当经过行政机关的负责人批准

C. 执法人员当场作出的行政处罚决定，应当报所属行政机关备案

D. 当事人对作出的行政处罚决定不服的，可以依法申请行政复议或者提起行政诉讼

答案：B。

解析：根据《行政处罚法》第五十二条规定，A、C、D项正确。

简易程序的特殊之处主要表现在当场处罚和当场送达，当场处罚是指不需要经过行政机关的负责人批准，发现违法当场处罚，因此B项错误。

3. 关于行政处罚法制审核，下列哪一项是错误的？（ ）

A. 对于涉及重大公共利益的行政处罚案件，在作出行政处罚决定之前，应当进行法制审核

B. 对于直接关系当事人或者第三人重大权益的行政处

罚案件，经过听证程序的，在作出行政处罚决定之前，应当进行法制审核

C. 对于案件情况疑难复杂、涉及多个法律关系的，在作出行政处罚决定之前，应当进行法制审核

D. 行政机关中从事行政处罚决定法制审核的人员，都应当通过国家统一法律职业资格考试取得法律职业资格

答案：D。

解析：根据《行政处罚法》第五十八条规定，A、B、C项均正确。D项的错误在于，应当通过国家统一法律职业资格考试取得法律职业资格的，是行政机关中初次从事行政处罚决定法制审核的人员。

4. 根据相关法律规定，在行政决定作出前，下列哪项不适用听证程序？（ ）

A. 县公安局处以张某行政拘留10天的处罚

B. 县公安局以非法种植罂粟为由对陈某处以3000元罚款

C. 区环保局责令排放污染物严重的某公司停业整顿

D. 胡某因酒后驾车，被公安交管部门吊销驾驶证

答案： A。

解析： 根据《治安管理处罚法》第九十八条规定，“公安机关作出吊销许可证以及处二千元以上罚款的治安管理处罚决定前，应当告知违反治安管理行为人有权要求举行听证；违反治安管理行为人要求听证的，公安机关应当及时依法举行听证”。由此可知，B 项中县公安局处罚款三千元的情形可适用听证，而行政拘留不属于听证范围。

同时根据《行政处罚法》第六十三条规定，行政机关作出责令停产停业、吊销许可证或者执照、较大数额罚款等行政处罚决定之前，应当告知当事人有要求举行听证的权利；当事人要求听证的，行政机关应当组织听证，由此可知，B、C、D 项中的行为属于听证范围，行政拘留尚不属于听证范围。

5. 2021 年 8 月，戴某因传播马某谣言而遭到马某殴打，县公安局拟对马某作出行政处罚决定并告知马某有权申请听证，后马某按期提出了听证请求，听证后，县公安局对马某作出了拘留 15 日的处罚决定，马某不服并起诉，下列说法正确的是：（　　）。

A. 马某要求听证的，应当在公安局告知后 3 日内提出

B. 行政机关应当在举行听证的 5 日前，通知当事人及

有关人员听证的时间、地点

C. 听证应当制作笔录并应当交当事人或者其代理人核对无误后签字或者盖章

D. 县公安局应当参考听证笔录作出处罚决定

答案： C。

解析： A错误，根据《行政处罚法》第六十四条，当事人要求听证的，应当在行政机关告知后5日内提出，不是3日内。

B错误，根据《行政处罚法》第六十四条，行政机关应当在举行听证的7日前，通知当事人及有关人员听证的时间、地点，不是5日前。

C正确，根据《行政处罚法》第六十四条可以得出。

D错误，根据《行政处罚法》第六十五条，是“根据”而非“参考”听证笔录作出最后决定。

二、简答题

1. 根据《行政处罚法》中听证程序的规定，听证依照哪些程序组织？

答案： 根据《行政处罚法》第六十四条的规定：

（一）当事人要求听证的，应当在行政机关告知后五日内提出；

（二）行政机关应当在举行听证的七日前，通知当事人及有关人员听证的时间、地点；

（三）除涉及国家秘密、商业秘密或者个人隐私依法予以保密外，听证公开举行；

（四）听证由行政机关指定的非本案调查人员主持；当事人认为主持人与本案有直接利害关系的，有权申请回避；

（五）当事人可以亲自参加听证，也可以委托一至二人代理；

（六）当事人及其代理人无正当理由拒不出席听证或者未经许可中途退出听证的，视为放弃听证权利，行政机关终止听证；

（七）举行听证时，调查人员提出当事人违法的事实、证据和行政处罚建议，当事人进行申辩和质证；

（八）听证应当制作笔录。笔录应当交当事人或者其代理人核对无误后签字或者盖章。当事人或者其代理人拒绝签字或者盖章的，由听证主持人在笔录中注明。

2. 简述行政处罚简易程序的适用条件。

答案： 根据《行政处罚法》第五十一条规定，可以适用简易程序的行政处罚案件，必须符合三个条件：

1. 违法事实确凿；

2. 对该违法行为处以行政处罚有明确、具体的法定依据；

3. 符合法定处罚种类和幅度，即对个人处以200元以下的罚款或者警告，对组织处以3000元以下的罚款或者警告。

除此以外，法律另有规定的，从其规定。

第六章　行政处罚的执行

※ 本章学习导读 ※

行政处罚的执行主要包括当事人自觉履行和行政强制执行。当事人履行行政处罚义务有具体的时间要求，在行政处罚决定书载明的期限内自觉履行，实现行政处罚所确定的义务，这是最好的实现形式。当事人未在行政处罚决定书载明的期限内履行义务的，有关机关予以强制执行。

第一节　当事人的自觉履行

一、当事人有履行行政处罚决定的义务

当事人自觉履行是指当事人按照行政处罚决定书载明的要求，主动履行行政处罚决定书确定的义务。当事人自觉履行行政处罚决定所确定的义务是实现行政处罚内容最

好的形式。有些行政处罚不需要当事人主动配合即可由行政执法机关单方面实现，如警告、通报批评、降低资质等级等。

当事人履行行政处罚决定的义务，包括下列内容：

一是按时履行。行政处罚决定书列明了当事人应该履行义务的期限，当事人收到行政处罚决定书后按期主动到银行缴纳罚款或履行其他行政处罚决定要求的应该履行的作为或者不作为义务。当事人未在行政处罚决定书载明的期限内履行义务的，有关机关予以强制执行。

二是完全履行。行政处罚决定书载明了应该履行的义务内容，当事人应该按照内容全面履行义务。应缴纳的罚款，当事人应该按照确定的数额足额缴纳而不能少缴纳或多缴纳，行政处罚决定停产停业的则应该按照规定范围停产停业等。

二、罚款的延期或者分期缴纳

行政处罚中的罚款对当事人而言存在履行不能的可能性。这种履行困难不是出自当事人的主观原因而是客观原因，所以采取措施迫使当事人缴纳罚款需要与当事人故意拒绝或者拖延缴纳罚款区分开来。为了保障行政机关进行行政管理，维护公共利益和社会秩序，保护公民、法人或者其他组织的合法权益，在当事人因为经济困难而无法全额一次性缴纳罚款的情形下，当事人可以向行政机关申请延期或者分期缴纳罚款。经行政机关批准，当事人可以暂缓或者分期缴纳。暂缓或者分期缴纳罚款的条件和程序如下：

第一，当事人确有经济困难，无能力缴纳罚款。这里的经济困难主要是指因各种自然灾害以及身体疾病等原因致使财产损失，确实无能力缴纳罚款。

第二，当事人申请。对于为何无能力缴纳罚款的情况，当事人最清楚，所以必须由当事人向行政机关提出申请，得到行政机关的批准后，方可暂缓或者分期缴纳罚款。如果当事人没有提出申请，行政机关不能自主决定允许当事人暂缓或者分期缴纳罚款。

第三，行政机关批准。当事人暂缓或者分期缴纳罚款申请要写明确实因为经济困难无法按时缴纳罚款，还应写明暂缓的期限或者分期缴纳的期限以及分期缴纳罚款的数额，经过行政机关审查，认为理由正当的，作出允许暂缓或者分期缴纳罚款的决定；认为理由不成立的，依法驳回申请。

第二节　罚缴制度

一、罚缴分离制度

罚款是行政处罚最常用的形式，在《行政处罚法》颁布前，行政处罚决定作出机关和收缴机构一般都是同一执法机关，纳入执法机关财务管理并按规定及时上缴国库或存入财政专户。个别地方政府职能部门在行政管理过程中将罚没收入与部门经费划拨和职工奖金、福利挂钩，有的坐支、留成、滥用罚没收入，超越职权乱罚款，一方面增加企业和公民负担，损害企业和公民的合法利益；另一方面助长不正之风，损害行政机关作为公共管理机关的形象。在制止乱罚款方面，国家出台了相关措施，如通过“收支两条线”进行罚没收入管理、制作统一罚没专用收据以及确立作出行政处罚决定的机关与收缴罚款的机构分离等制度。

（一）作出行政处罚决定的机关与收缴罚款的机构分离

罚缴分离制度是职能分离的表现，源于自然公正原则之“任何人不能作为自己案件法官”的要求，该制度是为了防止和约束权力滥用，有助于抑制执法过程中的腐败，也有助于保证罚没款及时、足额入库。罚缴分离原则表现在两个方面：一是作出行政处罚决定的机关与收缴罚款的机构分离；二是作出处罚决定的行政机关及其执法人员不得自行收缴罚款。

（二）作出行政处罚决定的机关及其执法人员不得收缴罚款

作出行政处罚决定的机关及其执法人员除法律规定的

当场收缴罚款外，不得自行收缴罚款。为了严肃财经纪律，加强廉政建设，促进依法行政，《违反行政事业性收费和罚没收入收支两条线管理规定行政处分暂行规定》第十一条规定："违反罚款决定与罚款收缴分离的规定收缴罚款的，对直接负责的主管人员和其他直接责任人员给予记大过或者降级处分。"这是职能分离制度的表现，即处罚决定职能与决定执行职能的分离，通过分工制约，抑制权力腐败，防止乱罚款和滥罚款。

（三）当事人到指定的银行或者通过电子支付系统缴纳罚款

当事人应当自收到行政处罚决定书之日起15日内，到指定的银行或者通过电子支付系统缴纳罚款。行政机关在作出行政处罚决定后将行政处罚决定书送达被处罚当事人，行政处罚决定书载明收缴机构的名称、地址和当事人应当缴纳的数额、期限等，并明确对当事人逾期缴纳罚款是否加处罚款。当事人按照行政处罚决定书载明的要求到指定的银行或者通过电子支付系统缴纳罚款。通过电子支付系统缴纳罚款是2021年修订新增的内容，既提高行政效率又体现便民原则，是信息化手段在行政处罚行为上的运用。

（四）银行收受罚款并上缴国库

为了加强对罚款收缴活动的监督，罚款决定与罚款收缴应当分离。罚款代收机构的确定，根据行政关系的不同有不同的安排。实行垂直领导的海关、外汇管理部门等依法具有行政处罚权的行政机关所处的罚款，由国有商业银行分支机构代收，如有代收困难则经财政部驻当地财政监察专员办事机构、中国人民银行当地分支机构协商确定，委托商业银行代收。国务院有关部门所处的罚款，代收机构为国有商业银行分支机构。地方机关依法作出行政处罚的罚款，由县级以上地方人民政府组织本级财政部门、中国人民银行当地分支机构和依法具有行政处罚权的行政机关共同研究，统一确定代收机构。县级以上地方人民政府可以统一确定本级政府各行政机关的具体代收机构，代收机构可以确定为一家也可以确定为若干家商业银行、信用合作社。当事人到行政处罚决定书载明的银行内标有“收缴罚款处”的业务窗口缴费，或者通过电子支付系统缴费。代收机构根据与行政机关签订的代收罚款协议，以及行政处罚决定书决定的罚款数额收取罚款，对逾期缴纳罚款的单位和个人，根据行政处罚决定书载明的是否加处罚款进行处理，严格履行代收代缴罚款义务，代收机构不得自行加处罚款，不得拒收罚款。代收机构只办理罚款的代收和缴库，代收机构代收的罚款和代收机构管辖行收到的罚款按行政机关的隶属关系和罚款收入的预算科目、预算级次就地缴入中央国库和地方国库。

二、当场收缴罚款

自然正义原则要求职能分离，即作出行政处罚决定的机关与收缴罚款的机构应该分离。在克服“自罚自收”而确立“罚缴分离”制度的同时，在特殊情况下作出行政处罚决定的机关可以当场收缴罚款。所谓当场收缴罚款是指行政执法机关在作出罚款决定的同时，由执法人员一并收缴行政处罚决定书载明的罚款数额，即作出罚款主体与收缴主体合一。

《行政处罚法》缘何要保留当场收缴罚款的例外规定?原因在于行政行为价值除公平公正外，还有行政效率的价值追求。当场罚缴的规定设置了符合该种情形特点的操作规程，当场处罚当场收缴适用于处罚较轻且事实清楚、情节简单、证据确凿的案件，以效率为主旨，同时给予行政相对人提出和申请救济的权利保障。效率和公正是行政程序必须考虑的两个基本要素，效率和公正的兼顾并不是二者完全等同，而是总体分析后的统筹。这种效率体现在，一方面，便利当事人，在违法行为轻微、违法事实清楚、情节简单、证据确凿、罚款数额不大的情形下，当场收缴罚款避免当事人专程到指定银行缴纳；另一方面，提高行政效率，有利于解决流动性较大的违法行为不当场收缴事后难以执行或者成本高的问题。

根据《行政处罚法》的规定，当场收缴罚款有两种情形：

（一）第一种情形

第一种情形适用包括两个条件：一是罚款决定是适用《行政处罚法》第五十一条规定的简易程序当场作出的；二是有下列情形之一，即依法给予100元以下罚款的，或者不当场收缴事后难以执行的。前一个条件已有分析，在此不予赘述。对后一条件分析如下：

第一，依法给予100元以下罚款。

之所以将当场收缴罚款的数额限制在100元以下，有以下考虑：（1）100元以下罚款数额小，适用比例大，可以减轻银行收款压力；（2）100元以下罚款的当场收缴于当事人而言，可减轻其行动成本，不用按照复杂程序到银行缴纳。当场收缴100元以下罚款的，并未规定是否包含本数。在《中华人民共和国海关行政处罚实施条例》第六十四条和《道路交通安全法违法行为处理程序规定》第八十一条的规定中，都是包含本数的。《行政处罚法》所规定的罚款数额应是包含本数在内的。

第二，不当场收缴事后难以执行。

适用的情形是流动性大的场合，当场收缴罚款避免执行难的问题，提高行政效能。除对行政处罚执行效果的考量外，在当事人没有任何证件证明居住地的情况下，如果不当场收缴罚款事后必定难以找到当事人，也应适用当场收缴罚款。不当场收缴事后难以执行的情形，还有罚款数额的限制，即对公民处以200元以下的罚款，对法人或者其他组织处以3000元以下的罚款。

（二）第二种情形

适用当场收缴罚款的另一种情形是，地理条件特殊且罚款数额较低的。《行政处罚法》第六十九条规定："在边远、水上、交通不便地区，行政机关及其执法人员依照本法第五十一条、第五十七条的规定作出罚款决定后，当事人到指定的银行或者通过电子支付系统缴纳罚款确有困难，经当事人提出，行政机关及其执法人员可以当场收缴罚款。"此种可以当场收缴罚款情形，有如下依次递进的限制条件：

1. 在边远、水上、交通不便地区

什么情况属于"边远、水上 、交通不便地区"没有确定的标准，《罚款决定与罚款收缴分离实施办法》也没有确定具体的标准。对于"边远、交通不便地区"，有学者提出特殊地理条件按照与指定缴纳罚款银行之间的距离来确定，具体操作是行程时间在1日以上；"水上"是指常年生活在水上而在岸上没有居所的公民受罚款处罚的情形。[①] 边远、水上、交通不便的地区存在的客观限制条件在于当事人缴费成本高，在有限的时间内，需花费一定的

---

① 胡锦光：《行政处罚研究》，法律出版社1998年版，第240页。

交通成本到指定的地点缴纳罚款，所以在这种情况下，基于客观条件的考虑，当事人提出当场缴纳罚款的，依法可以当场收缴罚款。

2. 依照《行政处罚法》第五十一条、第五十七条的规定作出罚款决定

根据《行政处罚法》第五十一条简易程序的规定，违法事实确凿并有法定依据，对公民处以200元以下、对法人或者其他组织处以3000元以下罚款的，可以当场作出行政处罚决定。根据《行政处罚法》第五十七条对普通程序的规定，调查终结，对确有应受行政处罚的违法行为的，根据情节轻重及具体情况，行政机关负责人对调查结果审查后作出行政处罚决定。

以上两种情形，第一种是简易程序作出行政处罚决定，具有违法行为轻微、违法事实简单、罚款数额较小等特点；第二种是普通程序调查终结后，对确有违法行为的，根据情节轻重及具体情况，行政机关负责人对调查结果审查后作出行政处罚决定。前一种情形中的行政处罚案件具有轻微、简单、数额小的特点，后一种情形经由普通程序和行政机关负责人的审查后作出的行政处罚决定具有严谨性保障的特点。

3. 当事人到指定银行或者通过电子支付系统缴纳罚款有困难，提出当场缴纳罚款

当事人到指定银行或者通过电子支付系统缴纳罚款因为客观环境的限制导致缴纳罚款成本高，一般而言，这种情况下当事人仍然应该在法定的期限内到指定银行或者通过电子支付系统缴纳罚款，但是当事人提出当场缴纳罚款，则行政机关及其执法人员可以当场收缴罚款。如果当事人没有提出当场缴纳罚款，则行政机关及其执法人员不得当场收缴罚款。

当场收缴罚款的，客观上属于边远、水上和交通不便的地区；行政处罚案件根据违法事实、情节较轻、减损公民权益或者增加公民义务程度较轻，通过适当的程序确保公正；在具备以上两个条件后，还需要当事人启动，即当事人到指定银行或者通过电子支付系统缴纳罚款确有困难，提出当场缴纳罚款。只有在以上三个条件都具备的情况下，作出行政处罚决定的行政机关及其执法人员才能当场收缴。

三、当场收缴罚款出具专用票据

通过罚款专用票据的形式要求，规范行政处罚实施，监督行政机关有效实施行政管理，维护公共利益和社会秩序，保护公民、法人或者其他组织合法权益目的的实现。专用票据是指国务院财政部门和省、自治区、直辖市人民

政府实行行政处罚需要当场收缴罚款而使用的罚款专用票据。为制止乱罚款，法律制度除实行收支两条线和罚缴分离的制度外，还对罚款专用票据予以统一，只有三者关系统一协调才能有效扼制乱罚款的现象。

（一）统一制发罚款专用票据主体

在当场罚款专用票据的使用上，经历了统一专用票据和统一制发票据主体两个方面的制度探索。早些年，中央执法机关罚款凭证由职能部门的主管机关制发，地方各级执法机关凭证由各级政府财政部门制发。2002 年《财政部关于行政执法部门收费和罚没收入若干问题的意见》“关于行政处罚罚款收据使用中的有关问题”一节指出，根据《行政处罚法》和《罚款决定与罚款收缴分离实施办法》中关于罚款收据由财政部门统一印制的规定，财政部按要求印制了供中央执法单位使用的当场处罚罚款票据，并就代收罚款收据的格式作出了规定，没有另外印制没收财物票据。从此，由国务院财政部门或者省、自治区、直辖市人民政府财政部门统一制发专用票据。

（二）统一专用票据

行政罚款的票据种类，随着制度完善变得不断统一和规范，先后经历了罚没收据和定额罚款收据、统一票据和专业票据、通用票据和专用票据、当场罚款收据和代收罚款收据以及税收收入专用票据和非税收入专用票据的分类。《财政票据管理办法》第七条规定，罚没票据属于非税收入专用票据，不再区分罚款的主体和方式类别。随着财政制度的完善和统一，国务院执法机关和地方政府的执法机关在当场收缴罚款票据方面有了统一的名称即“专用票据”，体现了制度描述的统一性。

（三）不出具财政部门统一制发的专用票据的，当事人有权拒绝缴纳罚款

统一票据是通过一定的形式制止乱罚款的行为，如果没有赋予当事人对不出具财政部门统一制发专用票据的罚款拒绝的权利，则无法发挥制度效能。行政机关及其执法人员当场收缴罚款，必须向当事人出具省、自治区、直辖市人民政府财政部门统一制发的专用票据。不出具财政部门统一制发的专用票据的，当事人有权拒绝缴纳罚款。这一规定是为了对抗罚款的随意性，杜绝以白条、私自印发罚款单据作为罚款收据而侵害公民、法人或者其他组织合法权益的现象。

四、当场收缴罚款按期交缴

职能分离制度是权力制约的运用，不仅在不同组织机构间存在职能分离，同一行政机关内部也存在职能分离。同一行政机关内部的职能分离，是指通过分工由不同的机构和工作人员分担不同的任务，在当场作出行政处罚决定并当场收缴罚款后，执法人员应当将收缴的罚款交至行政

机关内部相应部门，行政机关财物管理部门再将罚款缴付指定的银行。这一制度通过不同工作部门和人员的分工约束，保障行政罚款收缴依法进行，维护国家利益，防止罚没款项流失。

（一）执法人员当场收缴的罚款，应当自收缴罚款之日起二日内，交至行政机关

这是一般状态下当场收缴罚款的情形，自行政执法人员收缴罚款之日起二日内，交至行政机关。在一般执法状态下，作出行政处罚决定的人员在收缴罚款后能及时返回行政机关将罚没款项交至行政机关内部的财务管理部门。

（二）在水上当场收缴的罚款，应当自抵岸之日起二日内交至行政机关

在水上当场收缴的罚款，因为水上地理条件的特殊性，必须抵岸后方能将罚款交至行政机关，所以期限从抵岸之日算起，二日内交至行政机关。特殊地理条件下当场收缴的罚没款项并不是从作出行政处罚决定之日算起，而是有合理的期限计算方法，即抵岸之日的二日内交到行政机关的财务管理部门。

（三）行政机关应当在二日内将罚款缴付指定的银行

与当事人自收到行政处罚决定书之日起十五日内到指定银行或者通过电子支付系统缴纳罚款不同：

一是当场收缴罚款的行政执法人员所在行政机关，在

收到罚款后，应当在二日内缴付指定的银行。这是因为行政机关将罚款缴付指定银行没有如当事人申请复议和提起诉讼那般的时间保障。在收到罚款后二日内缴付指定的银行是财政纪律的要求。

二是行政机关将罚款缴付指定银行没有如当事人那般的通过电子支付系统缴纳罚款的方式。这是对行政机关进行财务监督，维护国家财经秩序的要求。行政机关的非税财政收入有严格的财经纪律和财务管理制度，财务管理部门应严格遵守。通过电子支付系统缴付罚款，一方面，存在信息系统的安全隐患；另一方面，不利于财务管理秩序的维护，容易造成管理混乱。

三是按照财务制度，财会人员应当将所收现金在当日缴付金融机构。执法人员当场收缴后交至行政机关，然后由行政机关的财务人员在二日内缴付指定银行。之所以多出一日是因为考虑到执法人员负担的执法任务和现实客观环境，诸如地理条件和银行网点稀少的限制而适当放宽。

第三节　行政处罚决定的强制执行

对于行政处罚课加的义务，当事人应当自觉在规定的期限内履行。当事人在规定的期限内不履行或拒绝履行相应的义务，将产生由行政机关或法院依法进行强制执行的后果。不过，强制执行往往存在先采取间接强制执行措施，再采取直接强制执行措施的顺序要求。同时，由行政机关自行执行还是由法院强制执行，也需要依法确定。

一、强制执行的机关和措施性质

（一）可以采取措施的机关

当事人逾期不履行行政处罚决定的，由作出行政处罚决定的机关采取措施。作出行政处罚决定的机关根据是否具有强制执行权，分为可以依法自行强制执行和申请人民法院强制执行。可以依法自行强制执行的行政机关需要满足两个条件：一是强制执行的机关是依法作出行政处罚决定的机关；二是法律明确授予行政机关强制执行权。《行政强制法》第十三条规定，行政强制执行由法律设定，这里的“法律”仅指全国人大及其常委会制定的法律。目前，可以由行政机关自己强制执行的主要是公安、海关、税务机关等。申请人民法院强制执行的行政机关也需要满足两个条件：一是按照《行政强制法》的规定，法律没有授予行政机关强制执行权；二是作出行政处罚决定的行政机关依照《行政强制法》的规定申请人民法院强制执行。

（二）“可以采取的措施”是行政强制执行还是行政强制措施

对于“可以采取的措施”到底是行政强制执行措施还是行政强制措施有不同的看法，其实“可以采取的措施”

是行政强制执行和行政强制措施的上位概念，其意指行政处罚决定实现的各种手段、方法。

1. “可以采取的措施”是行政强制执行措施

《行政强制法》立法目的是保障和监督行政机关依法履行职责，维护公共利益和社会秩序，保护公民、法人或者其他组织的合法权益。《行政强制法》第二条规定，行政强制包括行政强制措施和行政强制执行。行政强制措施，是指行政机关在行政管理过程中，为制止违法行为、防止证据损毁、避免危害发生、控制危险扩大等情形，依法对公民的人身自由实施暂时性限制，或者对公民、法人或者其他组织的财物实施暂时性控制的行为。行政强制执行，是指行政机关或者行政机关申请人民法院，对不履行行政决定的公民、法人或者其他组织，依法强制履行义务的行为。通过定义我们可以看出，行政强制措施是对人身自由和财产的暂时性控制行为，行政强制执行则是对当事人人身自由和财产的剥夺。厘清二者界限，我们会很容易理解行政强制措施种类和行政强制执行种类的差异。《行政强制法》第九条规定的行政强制措施的种类有限制公民人身自由；查封场所、设施或者财物；扣押财物；冻结存款、汇款；其他行政强制措施，第十二条规定行政强制执行的方式为加处罚款或者滞纳金；划拨存款、汇款；拍卖或者依法处理查封、扣押的场所、设施或者财物；排除妨碍、恢复原状；代履行；其他强制执行方式。由此可知，“加处罚款”“划拨存款、汇款”“拍卖或者依法处理查封、扣押的场所、设施或者财物”“其他行政强制执行方式”等“可以采取的措施”是行政强制执行措施。

2. “可以采取的措施”包括申请法院强制执行的方式

如果法律没有授予作出行政处罚决定的行政机关以强制执行权，这就需要其申请人民法院强制执行。申请人民法院强制执行属于行政强制执行，但是执行主体是法院而非行政机关，法院的非诉行政执行可以从行政处罚法律效果实现的角度认为实现了行政处罚决定追求的状态。法院的强制执行活动属于司法活动，《国家税务总局关于人民法院强制执行被执行人财产有关税收问题的复函》也明确指出人民法院的强制执行活动属司法活动。行政机关申请人民法院强制执行是通过司法活动实现义务履行的状态的一种措施。

3. “可以采取的措施”是法律规定的其他行政强制执行方式

督促当事人履行义务或者达到与履行义务相同状态的强制方式并非一成不变，实践中的许多做法，如“黑名单”或“失信惩戒”等也是强制当事人履行义务的方式，目前虽然未纳入法律范畴，但是启示立法者以开放的立场设定实现行政处罚决定的强制方式，而非局限在行政强制执行或者行政强制措施等。同时从保护当事人合法权益角度考虑，必须遵循行政强制执行由法律设定的规定。

4. “可以采取的措施”是涵盖行政强制执行各种情况的上位概念

“可以采取的措施”是此条各款的概括性表述，必须涵盖以上三种情况，即必须能包容行政强制执行和申请人民法院强制执行，同时还能包容行政强制的全过程。所以“可以采取的措施”是涵盖各种能以强制的方式督促当事人履行行政处罚决定义务或者达到与履行义务相同状态的措施。

二、行政机关可采取的执行措施

（一）加处罚款

加处罚款是指行政机关对逾期不履行行政罚款义务，对当事人采取的通过加重金钱给付义务负担督促当事人自觉履行行政处罚决定的措施。

1. 加处罚款的适用条件

加处罚款这一强制执行方式有四个条件：第一，加处罚款是对罚款强制执行；第二，适用前提是当事人到期不缴纳罚款；第三，加处罚款的标准是每日按罚款数额的3%加处；第四，加处罚款的数额不得超出罚款的数额，这一点与《行政强制法》规定保持一致。加处罚款的数额不得超出罚款的数额是对加处罚款数额的限制，实践中因为行政机关的不催告，当事人长期不履行缴纳罚款义务，造成“巨额加处罚款”的现象，加重当事人的负担，明显不合理且难以执行。

加处罚款能否适用于当事人不履行其他种类的行政处罚？加处罚款也称为执行罚，在实现行政处罚决定的诸多方式中是一种督促当事人自动履行义务的方式，要优于直接强制执行。由于加处罚款的标准以确定的基数为前提，在诸多行政处罚的方式中，只有罚款是确定的，其他类型的行政处罚如果有可以量化的标准也未尝不可。

2. 加处罚款是间接强制执行

对当事人行政处罚决定的强制执行有直接强制和间接强制之分，直接强制是指直接运用强制力作用于当事人实现行政处罚义务的履行，间接强制是指通过行政机关采用新的金钱给付义务督促当事人履行行政义务。加处罚款就是一种间接强制执行，通过给当事人增加新的金钱压力和心理压力，促使当事人自动履行行政处罚义务，因为在行政处罚决定的实现方面，当事人的自动履行优于有权机关的强制执行。作为间接强制执行方式，其适用主体只能是法律授权可以采取强制执行的行政机关，作为具有强制执行权的人民法院则无加处罚款的权力。

3. 加处罚款的金钱给付义务的执行

加处罚款是通过科处当事人新的金钱给付义务促使当

事人履行行政罚款义务的一种方式。加处罚款并不是无限期直到当事人履行行政罚款义务后终止。加处罚款在满足以下两个条件，当事人依然未履行行政罚款和加处罚款的义务后才由间接强制执行转为直接强制执行：一是时间要求，根据《行政强制法》第四十六条的规定，实施加处罚款超过 30 日，经催告当事人仍不履行的，具有行政强制执行权的行政机关可以强制执行；二是总额要求，加处罚款的数额不得超出金钱给付义务的数额。满足以上两种要求后，由具有行政强制执行权的行政机关强制执行。具有行政强制执行权的行政机关强制执行行政罚款和加处罚款的情况，存在两种可能性：一是在强制执行前，已对当事人的财产采取查封、扣押、冻结措施的，这时可以根据法律规定拍卖、依法处理或者将冻结存款、汇款划拨抵缴罚款；二是在强制执行前，未对当事人财产采取强制措施的，需要采取查封、扣押、冻结措施，依据《行政强制法》第四十六条及其第三章行政强制措施实施程序办理。

4. 加处罚款能否减免

依据《行政强制法》第四十二条的规定，具有行政强制执行权的行政机关，在不损害公共利益和他人合法权益的情况下，当事人采取补救措施的，可以减免加处的罚款。因此，行政机关在当事人采取补救措施后可以减免加处的罚款，不过人民法院受理行政机关提出的行政强制执行申请后，行政机关不宜减免加处的罚款。故加处罚款是可以执行和解的，但需要满足下列条件：一是主体为行政机关，法院无权决定减免；二是不损害公共利益和他人合法权益；三是当事人采取补救措施。只有同时满足以上三个条件，行政处罚作出机关才可以就加处罚款部分执行和解；作为基础行为的行政罚款，按照法律效力理论不得和解。

（二）将查封、扣押财物拍卖、依法处理或者将冻结存款、汇款划拨抵缴罚款

当事人逾期不履行行政处罚决定的，作出行政处罚决定的行政机关可以根据法律规定将查封、扣押的财物拍卖、依法处理或者将冻结的存款、汇款划拨抵缴罚款。相较加处罚款，将查封、扣押财物拍卖、依法处理或者将冻结存款、汇款划拨都是直接对当事人财产的处分行为，属于直接强制、直接实现行政处罚效果的方式。在适用本款时，通常是在当事人逾期不履行行政处罚，行政机关采用加处罚款的间接方式不能达到目的或者在紧急情况下来不及采用间接强制执行的时候，对当事人财产直接强制执行。直接强制执行的以上方式都是对当事人财物的实力控制，有严格的条件和程序控制，按照《行政强制法》的要求严格依法进行。

1. 根据法律，将查封、扣押的财物拍卖、依法处理

根据《行政强制法》第十二条第三款的规定，查封和扣押是行政强制措施。当事人逾期不履行行政处罚决定，经催告后仍不履行的，就需要对查封和扣押的财物进行强制执行，达到行政处罚决定追求的状态。在对查封和扣押财物强制执行的方式上必须依照法律的规定处理，目前已有的强制执行方式有拍卖，根据《行政强制法》第四十八条的规定，“依法拍卖财物，由行政机关委托拍卖机构依照《中华人民共和国拍卖法》的规定办理”。同时《行政强制法》第二十七条规定了查封、扣押后的处理，“对违法事实清楚，依法应当没收的非法财物予以没收；法律、行政法规规定应当销毁的，依法销毁”，对鲜活物品或者不易保管的财物变卖。以上都是查封和扣押物品的强制执行方式。

2. 根据法律规定，将冻结的存款、汇款划拨抵缴罚款

《行政强制法》第四十七条第一款规定：“划拨存款、汇款应当由法律规定的行政机关决定，并书面通知金融机构。金融机构接到行政机关依法作出划拨存款、汇款的决定后，应当立即划拨。”2002年中国人民银行发布的《金融机构协助查询、冻结、扣划工作管理规定》规定了金融机构协助有权机关查询、冻结和扣划单位、个人在金融机构存款的行为。

（三）其他行政强制执行方式

其他行政强制执行方式是《行政强制法》第十二条行政强制执行方式的兜底条款，是在法律稳定性和适应性之间平衡的立法技术，为未来理论研究和实践经验成熟后突破明文规定的行政强制执行方式留出空间。除遵守《行政强制法》的立法目的和基本原则外，还应该与已示明的行政强制执行方式遵守相同程度的标准、范围。“其他行政强制执行方式”要以“保障和监督行政机关依法履行职责，维护公共利益和社会秩序，保护公民、法人或者其他组织的合法权益”为目的，遵守行政强制的合法性原则，依照法定的权限、范围、条件和程序设定和实施，遵守适当性原则，采用非强制手段可以达到行政管理目的的，不得设定和实施行政强制。

“其他行政强制执行方式”满足基本条件标准，首先，是对先行存在已生效基础行为的强制执行；其次，“其他行政强制执行方式”，是由法律设定。“其他行政强制执行方式”的范围包括间接强制执行，也包括直接强制执行。

三、申请法院强制执行

（一）前提条件

《行政诉讼法》第九十七条规定：“公民、法人或者其他组织对行政行为在法定期限内不提起诉讼又不履行的，行政机关可以申请人民法院强制执行，或者依法强制执行。”据此，申请人民法院强制执行的条件有：

一是当事人逾期不履行行政决定。

二是当事人在法定的期限内不提起诉讼也不申请行政复议。《行政诉讼法》第四十六条第一款规定：“公民、法人或者其他组织直接向人民法院提起诉讼的，应当自知道或者应当知道作出行政行为之日起六个月内提出。法律另有规定的除外。”《行政复议法》第九条第一款规定：“公民、法人或者其他组织认为具体行政行为侵犯其合法权益的，可以自知道该具体行政行为之日起六十日内提出行政复议申请；但是法律规定的申请期限超过六十日的除外。”

三是行政机关无行政强制执行权。

（二）人民法院对非诉行政执行审查的形式

根据《行政强制法》第五十五条对行政机关申请法院强制执行提供的材料的规定，人民法院对行政机关强制执行申请进行书面审查，主要是形式审查，审查内容包括：一是行政机关的强制执行申请是否在法定期限内；二是行政机关强制执行的资料是否齐全。在审查中发现明显缺乏事实根据、明显缺乏法律法规依据和其他明显违法并损害被执行人的合法权益的，则进行实质审查，在作出裁定前可以听取被执行人和行政机关的意见。

（三）延期、分期缴纳罚款申请人民法院强制执行的期限

行政机关批准延期、分期缴纳罚款的，申请人民法院

强制执行的期限，自暂缓或者分期缴纳罚款期限结束之日起计算。当事人逾期不履行行政处罚决定的义务有两种情况：一种是不按照行政处罚决定书载明的日期履行处罚决定的义务；另一种是当事人向行政机关申请延期或分期而超过法律规定的履行时间。在行政处罚强制执行阶段，需要针对当事人申请延期或分期情形下的申请法院强制执行的期限予以明确。

《行政强制法》第五十三条规定，没有行政强制执行权的行政机关可以自期限届满之日起3个月内，申请人民法院强制执行。

四、救济期间行政处罚不停止执行

（一）行政复议或者行政诉讼期间，行政处罚不停止执行原因

行政复议或者行政诉讼期间，行政处罚不停止执行是由行政行为的效力决定的。行政行为的公定力、拘束力和执行力决定了行政处罚决定作出后，在未被复议机关或者法院撤销或变更前，仍然具有法律效力，不会因为复议或者诉讼而效力中断或者失去法律效力，当事人仍然要按照处罚决定的规定执行。行政行为未被复议机关或者人民法院撤销或者变更前，不仅当事人要遵守和履行行政处罚决定，作出行政处罚决定的机关、上级行政机关以及法院都要尊重行政机关的行政决定。《行政复议法》第二十一条

规定“行政复议期间具体行政行为不停止执行”，《行政诉讼法》第五十六条规定“诉讼期间，不停止行政行为的执行”，行政复议或者行政诉讼期间，行政处罚决定具有法律效力，具有公定力、拘束力、执行力，所有机关和公民、法人或者其他组织都必须尊重。

（二）行政复议或者行政诉讼期间，行政处罚不停止执行除外

行政复议或者行政诉讼期间，行政处罚决定不停止执行是一般性的规定。在特殊情形下，法律有明文规定时，复议机关和法院可以作出停止或者暂缓执行裁定。

1. 行政机关认为需要停止执行

行政机关在当事人不服处罚决定并申请复议或者提起诉讼后，会认识到行政处罚决定作出过程中存在的违法、瑕疵或者明显不当，继续执行不仅会给当事人的权益造成损失，而且如果不及时纠正错误也会影响行政机关的公信力，造成不必要的人力、财力以及物力的支出，所以认为需要停止处罚执行。

2. 复议机关或者人民法院裁定停止执行

复议机关或者人民法院在当事人申请或者提出救济后，会审查相应证据，初步得出如果行政处罚决定不停止执行，会给当事人造成难以弥补的损失，或者当事人申请停止处罚执行的，经审查认为当事人的请求合理，停止执

行不会影响公共利益，还可以避免当事人损失的无法挽回。在以上两种情况下，复议机关或者人民法院可以裁定停止执行。

3. 法律、法规、规章规定可以停止执行

行政处罚决定的停止执行，在法律、法规、规章中有规定的，在行政复议和行政诉讼期间可以按照规定执行，如《治安管理处罚法》对行政拘留处罚暂缓执行，在救济期间按照法律规定暂缓执行。

（三）申请行政复议或者提起诉讼，限制人身自由的暂缓执行

《行政处罚法》是行政处罚领域的通用规范，根据法治体系的统一性要求，《行政处罚法》需要总结单行法的实践经验，主动适应和巩固行政处罚的成果。我国法律体系是统一和分层次的，要考虑各类行政处罚不同的情况。限制人身自由执行只能由公安机关和法律规定的其他机关行使。《治安管理处罚法》第一百零七条规定："……公安机关认为暂缓执行行政拘留不致发生社会危险的，由被处罚人或者其近亲属提出符合本法第一百零八条规定条件的担保人，或者按每日行政拘留二百元的标准交纳保证金，行政拘留的处罚决定暂缓执行。"根据这一法律规定，如果当事人对限制人身自由的行政处罚决定不服，申请行政复议或者提起行政诉讼的，可以向作出决定的机关提出暂

缓执行申请，符合法律规定情形的，应当暂缓执行。

第四节 罚没财物及相关款项的处理和要求

一、依法没收非法财物按照国家规定处理

依法没收的非法财物是指行政机关依法将违法行为人占有的非法物品和其他财物无偿收缴的处罚方式。

当事人占有的非法财物主要有三类：第一类是当事人非法占有的物品主要是违禁品；第二类是当事人所有的从事非法活动的财物；第三类是当事人占有的不属于其所有的财物。当事人非法占有的物品如果是国家法律、法规规定禁止生产、加工、保管、运输、销售的物品以及某些场所禁止携带的违禁品，如易燃易爆物品、淫秽物品、毒品、内容反动宣传品等物品，则依法应当予以销毁。当事人所有的从事非法活动的财物，如果是物品按照《中华人民共和国拍卖法》处理，如果是金钱则予以没收。当事人占有的属于他人所有的财物依照法律规定没收。

二、罚没财物拍卖款项必须全部上缴国库

罚款、没收的违法所得或者没收非法财物拍卖的款项，必须全部上缴国库，任何行政机关或者个人不得以任何形式截留、私分或者变相私分。罚没款项如果被截留、私分或者变相私分，不仅在经济上会给国家造成损失，更

严重的是可能会腐蚀一些干部，给国家执法机关造成不良的政治影响，典型的现象就是“重罚轻刑”等乱处罚行为。

三、罚没财物拍卖款项处理的禁止规定

为了维护良好的程序，《行政处罚法》第七十四条对罚没财物拍卖款项的处理作出两项禁止性规定。

（一）罚没财物拍卖款项不得同作出行政处罚决定的行政机关及其工作人员的考核、考评直接或变相挂钩

行政处罚是国家管理经济社会的重要手段，将罚没款项同作出行政处罚决定的行政机关及其工作人员的考核、考评直接或者变相挂钩与法治政府建设的目标背道而驰，所以在制度设计上必须要考虑执法人员的考评、考核机制的科学、合理、合法，不得与财政机关直接发生办案费用的领拨关系和考核、考评关系。

（二）除依法应当退还、退赔的外，财政部门不得以任何形式向作出行政处罚决定的行政机关返还罚没拍卖的款项

1. 依法应当退还、退赔的，财政部门可以向作出行政处罚决定的行政机关返还罚没款

实践中存在当事人的违法行为有受害人的情形，在当事人的违法所得被行政机关没收或者拍卖后，对能确定受害人的应当退赔受害人；对因为执行错误而给当事人财产造成损失的则退还当事人；还有一种是税务部门在法院强制执行拍卖、变卖被执行人财产后的税收问题，《国家税

务总局关于人民法院强制执行被执行人财产有关税收问题的复函》规定，对拍卖、变卖财产的全部收入，纳税人均应依法申报缴纳税款，税收具有优先权。对于人民法院实际控制纳税人因强制执行活动而被拍卖、变卖财产的收入，根据《中华人民共和国税收征收管理法》第五条的规定，人民法院应当协助税务机关依法优先从该收入中征收税款。

基于作出行政处罚决定的机关与收缴罚款的机构相分离的情况，以及“收支两条线”的财政管理制度，需要财政部门在收到罚没款后向作出行政处罚决定的行政机关返还，退还多罚和错罚的款项给当事人，能确定受害人的，退赔给受害人。

2. 财政部门不得以任何形式向作出行政处罚决定的行政机关返还罚没拍卖款项

行政处罚的执行是广义的执行，从行政处罚决定实现的方式上看，包括当事人自动履行、行政执法机关执行以及申请法院强制执行；从行政处罚的执行过程上看，包括行政处罚决定实现、罚没款项上缴国库的完成以及行政处罚的反馈。要求将罚没款项全部上缴国库的有关规定，涉及款项类别主要是罚款、没收违法所得和拍卖非法财物的款项；主要问题是以上款项被截留、私分或者变相私分，以上款项同作出行政处罚决定的行政机关及其工作人员的考核、考评直接或者变相挂钩，以及以上款项向作出行政处罚决定的行政机关返还；应对方法为依法销毁、全部上缴国库，依法退还、退赔。财政部门不得以任何形式向作出行政处罚决定的行政机关返还罚没、拍卖款项。否则，这不仅会造成预算执行的混乱，还会因为脱离财政监督和制约而产生流弊。

※ 本章练习题 ※

一、单选题

1. 对逾期不履行行政处罚决定采取强制措施，下列说法错误的是：（　　）。

A. 逾期不履行行政处罚决定的，根据《行政强制法》的规定可以采取“限制人身自由”强制措施

B. 行政强制措施违法必然导致行政处罚违法

C. 行政强制措施收集或保全证据违法，行政处罚决定合法性受到影响

D. 行政强制措施为制止违法行为、避免危害发生，行政处罚合法性评价不会受到影响

答案：B。

解析：行政强制措施违法不一定导致行政处罚违法。行政强制措施收集或保全证据违法，行政处罚决定

合法性会受到影响；行政强制措施为制止违法行为、避免危害发生，行政处罚合法性评价不会受到影响。

2. 某市质监局发现一公司生产劣质产品，查封了公司的生产厂房和设备，之后决定没收全部劣质产品、罚款10万元。该公司逾期不缴纳罚款，下列选项错误的是：（　　）。

A. 实施查封时应制作现场笔录

B. 对公司的处罚不能适用简易程序

C. 对公司逾期缴纳罚款，质监局可以每日按罚款数额的3%加处罚款

D. 质监局可以通知该公司的开户银行划拨其存款

答案：D。

解析：具有强制执行权的行政机关可以强制执行，没有强制执行权的行政机关应当申请法院强制执行。案例中，法律并未授予质监局划拨权，其无权直接通知银行划拨。

3. 杨某、某家畜养殖服务农民专业合作社（以下简称合作社）建设房屋所占用的土地在A县土地利用总体规划图（2010—2020年）上显示为耕地、农用地，合作社在未办理农用地转用审批手续的情况下建设房屋。A县国土资

源局于2017年11月12日向杨某作出责令限期拆除通知书及责令限期拆除权利告知书，并依法送达，责令其限期自行拆除违法建筑。下列说法错误的是：（　　）

A. A县政府有权组织实施对涉案违法建筑的强制拆除

B. 杨某、合作社所建涉案房屋是违法建筑

C. 对符合土地利用总体规划的，没收非法占用的土地上新建的建筑物和其他设施，可以并处罚款

D. 强拆行为是责令限期拆除通知的执行行为，因此不属于人民法院行政诉讼的受案范围

答案：D。

解析：根据《行政诉讼法》的受案范围规定，强制执行行为属于行政诉讼的受案范围。

4. 某县市场监管局以某食品公司生产销售的葡萄酒生产日期标注不真实，违反《中华人民共和国产品质量法》为由，决定责令停止生产销售，罚款3000元，没收违法所得。下列说法错误的是：（　　）。

A. 若某县市场监管局在调查时，为防止证据灭失，对某食品公司生产销售的葡萄酒先行登记保存，应经该局负责人批准

B. 若对某县市场监管局的决定不服，某食品公司既可以申请复议也能提起行政诉讼

C. 对某食品公司处罚决定书应载明处罚的执行方式和期限

D. 某县市场监管局可以向法院直接申请强制执行

答案：D。

解析：根据《行政强制法》第五十四条规定，行政机关申请人民法院强制执行前，应当催告当事人履行义务。催告书送达十日后当事人仍未履行义务的，行政机关可以向所在地有管辖权的人民法院申请强制执行。

5. 某公安派出所以李某放任所饲养的烈性犬恐吓张某为由对李某处以500元罚款。关于该处罚决定，下列说法错误的是：（　　）。

A. 公安派出所可以自己名义作出决定

B. 可当场作出处罚决定并收缴罚款

C. 应将处罚决定书副本抄送张某

D. 李某既不申请复议，也不提起行政诉讼，且逾期拒绝履行行政处罚决定，每日按罚款数额的千分之三加处罚款

答案：B。

解析：《行政处罚法》第六十八条规定执法人员对公民依法处以一百元以下罚款的，可以当场收缴。

二、简答题

1. 当事人对行政处罚决定不服，申请行政复议或者提

起行政诉讼的，除法律规定外，行政处罚为什么不停止执行？

答案：根据行政行为的效力理论，行政处罚决定作出后，就具有了公定力、确定力、拘束力和执行力。

首先，是公定力，即行政处罚决定一旦成立，除具有重大且明显的瑕疵外，原则上合法有效，在被上级行政机关或者法院予以撤销或者变更前，无论是当事人还是第三人、国家机关都将其作为合法有效的行为予以尊重。

其次，是确定力，即行政处罚作出后，非依法律不得随意变更和撤销，它分为形式上的确定力和实质上的确定力。形式上的确定力是指行政处罚决定作出后，当事人未申请复议也未提起行政诉讼，法定期间经过后行政处罚决定合法确定生效，不能变动，当事人不得就该行政行为提起争议请求撤销或者变更；实质上的确定力是指行政处罚决定生效后作出行政处罚决定的机关不能对同一违法行为再次给予行政处罚，当事人也不能就同一事项请求变更。

再次，是拘束力，即行政处罚具有法律规定的法律效果，作出行政处罚决定的行政机关和当事人都必须对这种法律效果予以尊重，一方面，行政处罚决定机关以及其上级机关在行政处罚决定未被法律变更或者撤销前，都要受到拘束；另一方面，当事人负有服从的义务，按期履行行政处罚决定。

最后，是执行力，即当事人逾期不履行行政处罚决定，依照法律规定，行政处罚决定机关具有采取一定手段使处罚决定得以完全实现的效力，可以强制当事人履行义务，这种强制执行有些是行政机关自行执行，如果行政机关没有强制执行权力可以申请法院强制执行。

所以行政处罚的效力决定了除法律规定外，申请复议和提起行政诉讼，行政处罚不停止执行。

2. 罚缴分离制度的目的和内容是什么？

答案：罚款是行政处罚最常用的形式，个别地方政府职能部门在行政管理过程中将罚没收入与部门经费划拨和职工奖金、福利挂钩，有的滥用罚没收入、超越职权乱罚款，一方面增加企业和公民负担，损害企业和公民的合法利益；另一方面助长不正之风，损害行政机关作为公共管理机关的形象。在制止乱罚款方面，国家通过“收支两条线”的罚没收入管理、制作统一罚没专用收据以及作出行政处罚决定的机关与收缴罚款的机构分离的制度完善。罚缴分离制度的具体内容包括：第一，作出行政处罚决定的机关与收缴罚款的机构分离；第二，作出行政处罚决定的机关及其执法人员不得收缴罚款；第三，当事人到指定的银行或者通过电子支付系统缴纳罚款；第四，银行收受罚款并上缴国库。

第七章　法律责任

※ 本章学习导读 ※

为了使行政机关严格遵守《行政处罚法》的规定，制止乱处罚等行为，《行政处罚法》此次修订更多地设定了行政机关及其执法人员的法律责任。本章对行政机关及行政机关工作人员违反《行政处罚法》规定的行为应当承担的法律责任作了深入介绍，主要包括违法实施行政处罚的法律责任，不使用或使用非法单据的法律责任，截留、私分罚没财物的法律责任，行政机关的赔偿责任以及行政机关不作为的法律责任等。

第一节　违法实施行政处罚的法律责任

行政处罚是维护经济和社会秩序的重要方式，同时也是一项与公民基本权利密切相关的行政权力，在行使的过程中，要避免出现一些滥用权力的情形。《行政处罚法》法律责任的设置，实际就是为了保护《行政处罚法》所规范和调整的行政处罚社会关系，通过对危害行政处罚秩序行为的禁止和相应不利后果的规定，保证《行政处罚法》得到切实的贯彻执行，以保证行政处罚的秩序，从而树立《行政处罚法》的权威性和正当性，确保法律规范得到全社会的共同遵守。

一、违法实施行政处罚的情形

行政机关违法实施行政处罚的情形主要包括：

1. 没有法定的行政处罚依据

行政处罚的实施，必须有明确的法律依据，遵循“法无授权不可为”的基本原则。针对公民、法人或者其他组织违反行政管理秩序的行为，行政机关应当依照相关法律、法规或者规章的规定实施行政处罚。

2. 擅自改变行政处罚种类、幅度

行政机关在法律、法规和规章规定的行政处罚的种类和幅度内，可以根据情况自由地作出裁决。行政机关及其工作人员在实施行政处罚时超越了法律、法规、规章规定的处罚种类和幅度的，属于违法行为。

3. 违反法定的行政处罚程序

程序合法是现代法治的一项重要原则，合法的行政行为必须是在实体和程序两方面均合法的行为。《行政处罚法》第四条规定，行政机关实施行政处罚应当依据《行政处罚法》规定的程序实施。《行政处罚法》第五章详细规定了行政处罚决定、实施、听证等诸多法定程序，行政机关应当严格遵守法定程序规定，不能任意增加或减少法定程序。

4. 违反委托处罚的规定

《行政处罚法》第二十条对行政机关委托实施行政处罚的对象、权限及受委托组织的条件作出了明确规定，同时明确了委托行政机关对受委托组织实施行政处罚的行为、行为方式及行为后果等诸多方面有监督的责任。

5. 执法人员未取得执法证件的

行政执法证件是行政执法人员享有行政执法资格的合法凭证，是行政执法人员依法从事相关行政执法工作的身份证明。未取得行政执法证件的人员，不具有执法的资格。执法人员当场作出行政处罚决定与行政机关在调查或者进行检查时，应当主动向当事人或者有关人员出示执法证件。当事人或者有关人员有权要求执法人员出示执法证件，执法人员不出示执法证件的，当事人或者有关人员有权拒绝接受调查或者检查。

6. 对符合立案标准的案件不及时立案的

行政处罚立案是启动和实施行政处罚的必经程序。立案行政机关对违法行为相关的线索材料，在自己管辖范围内进行审查，进而确定有无违法事实和是否需要启动行政处罚普通程序的重要执法环节。符合立案标准的，行政机关应当及时立案。

二、违法实施行政处罚的法律责任的形式

法律责任的设置，在于保护特定的社会关系，当某一行为违反了法律规定，实际上就构成了对这一法律所保护的社会关系的破坏，就应当得到相应的制裁或者承担相应的不利后果。《行政处罚法》第七十六条在规定行政机关违法实施行政处罚的情形时，同时规定了出现上述情形时应当承担的法律责任的形式。

1. 责令改正

责令改正是较轻微的追究行政处罚法律责任的方式。当《行政处罚法》第七十六条规定的违法实施行政处罚的情形出现时，由行政机关的上级行政机关或者有关机关责令改正，使违法行为不再对当事人发生拘束力，从而消除违法行为的危害。

2. 处分

针对违法实施行政处罚的情形，上级机关或有关机关对直接负责的主管人员和其他直接责任人员依法给予处分。依据《中华人民共和国公务员法》、《中华人民共和国监察法》、《中华人民共和国公职人员政务处分法》（以下

简称《公职人员政务处分法》)、《行政机关公务员处分条例》的规定，此处的处分应作广义理解，包括由任免机关、单位作出的处分，由监察机关作出的政务处分。任免机关、单位与监察机关作出处分或政务处分的权限应当依据《公职人员政务处分法》第三条来确定，但对公职人员的同一违法行为，监察机关和公职人员任免机关、单位不得重复给予政务处分和处分。

第二节 罚款、没收财物不当的法律责任

一、不使用或使用非法单据的法律责任

罚款和没收财物都是行政机关对违反行政法规范，不履行法定义务的个人、组织所作的经济上的处罚，行政机关必须作出正式书面处罚决定，并开具罚款、没收财物的单据。依据《财政票据管理办法》《罚没财物管理办法》等规定，罚款、没收财物单据必须依法统一印制、管理，并依法使用。罚款、没收财物单据由省、自治区、直辖市财政部门统一制发，由各级财政部门发放、管理，其他任何个人、组织都无权印制。行政机关在实施罚款、没收财物的处罚时，必须按照有关罚款、没收财物单据管理法规和《行政处罚法》的规定使用罚款、没收财物单据。否则，违反上述规定的行为就是行政处罚违法行为，应承担

相应的法律责任。

1. 行政机关不使用罚款、没收财物单据的行为的法律责任

行政机关不使用罚款、没收财物单据的，当事人享有拒绝行政处罚的权利，并有权检举。上级行政机关或有关机关对直接负责的主管人员和其他直接责任人员依法给予处分。

2. 行政机关使用非法定部门制发的罚款、没收财物单据的行为的法律责任

行政机关对当事人进行处罚使用非由省、自治区、直辖市财政部门统一制发的罚款、没收财物单据的，当事人有权拒绝处罚，并有权进行检举。上级行政机关或有关机关有权对使用的非法单据予以收缴销毁，对直接负责的主管人员和其他直接责任人员依法给予处分。

有权追究“直接负责的主管人员和其他直接责任人员”法律责任的主体包括上级行政机关、财政机关、审计机关与监察机关，具体的责任形式包括处分与政务处分。

二、违法自行收缴、返还罚款或拍卖款项的法律责任

罚款、没收违法所得是行政机关在实践中应用最广泛的执法手段。为了防止行政机关及其工作人员在实施行政处罚过程中受经济利益驱动而滥施处罚，《行政处罚法》在颁布伊始就确立了行政处罚“罚缴分离”的原则并明确

了行政机关自行收缴罚款的法律责任。

罚款和没收的非法财物归国家所有，罚款和没收违法所得或非法财物拍卖的款项应当全部上缴国库。罚没财物与执法机关的行政经费、办案经费开支分开，罚没收入全部上缴财政，行政执法机关所需经费由财政部门另行拨付。财政部门不得将执法部门上缴的罚没款变相返还。

1. 行政机关自行收缴罚款的法律责任

作出罚款决定的行政机关应当与收缴罚款的机构分离。除当场收缴罚款外，作出行政处罚决定的行政机关及其执法人员不得自行收缴罚款。当事人应当自收到行政处罚决定书之日起15日内，向指定的银行缴纳罚款。在不属于可以当场收缴罚款的情况下，行政机关自行收缴的，应由上级行政机关或者有关机关责令改正，对直接负责的主管人员和其他直接责任人员依法给予处分。

2. 财政部门违法返还罚款、没收违法所得或拍卖款项行为的法律责任

除依法应当予以销毁的物品外，依法没收的非法财物必须按照国家规定公开拍卖或者按照国家有关规定处理。罚款、没收违法所得或者没收非法财物拍卖的款项，必须全部上缴国库，任何行政机关或者个人不得以任何形式截留、私分或者变相私分。即罚款、没收的违法所得或拍卖款项必须依法定程序进行，最终上缴国库。财政部门不得

将其返还行政部门。财政部门向行政机关返还罚款、没收违法所得或拍卖款项的，应由上级行政机关或有关部门责令改正，并对直接负责的主管人员和其他直接责任人员给予处分。

三、截留、私分罚没财物的法律责任

行政机关截留、私分或者变相私分罚款、没收的违法所得或者财物的，要承担以下两种情形的法律责任。

1. 行政机关截留、私分或者变相私分罚款、没收的违法所得或者财物的法律责任

罚款、没收违法所得或者没收非法财物拍卖的款项，必须全部上缴国库，任何行政机关或者个人不得以任何形式截留、私分或者变相私分。行政机关将罚款、没收的违法所得或者财物截留、私分或者变相私分的，由具有管理权限的财政部门和有关机关对截留、私分或变相私分的罚款、没收的违法所得或者财物予以追缴，并对直接负责的主管人员和其他直接责任人员给予处分。行政机关的截留、私分行为，构成《公职人员政务处分法》中的集体实施的违法行为。根据《公职人员政务处分法》第十条、第十七条、第十八条的规定，在行政机关内部进行组织处理后，监察机关还可以进行政务处分。组织处理可以是一种针对违法公职人员采取的暂时性措施，也可以是一种实现“人岗相适、人事相宜”的干部任用激励机制，但不是一

种追究公职人员违法责任的惩戒措施。组织处理又包括批评教育、通报批评、调离、降职、责令辞职、免职等形式。截留、私分行为既涉及领导人员，也涉及直接责任人员。对于领导人员，根据《公职人员政务处分法》第十八条的规定，可以在免职基础上，由监察机关再进行政务处分；对于直接责任人员，可以在组织处理的基础上，由监察机关再进行政务处分。

罚款、没收的违法所得或没收的非法财物属于应上缴国库的公共财物，行政机关或者其工作人员对之进行截留、私分或变相私分，是对国家财经管理制度和国家机关廉洁性的破坏，情节严重构成贪污公共财产的单位犯罪行为，应当依据《刑法》对直接负责的主管人员和其他直接责任人员依法追究刑事责任。

2. 执法人员利用职务上的便利，索取或者收受他人财物、将收缴罚款据为己有的法律责任

行政执法人员应当公正无私地行使行政执法职权，不得利用职务便利为自己谋取私利。

《刑法》第三百八十八条规定："国家工作人员利用本人职权或者地位形成的便利条件，通过其他国家工作人员职务上的行为，为请托人谋取不正当利益，索取请托人财物或者收受请托人财物的，以受贿论处。"执法人员利用职务上的便利，索取或者收受他人财物为他人谋利益，构

成受贿罪，应当根据具体数额与情节，依据相关法律规定追究其刑事责任。

《刑法》第三百八十二条第一款规定："国家工作人员利用职务上的便利，侵吞、窃取、骗取或者以其他手段非法占有公共财物的，是贪污罪。"执法人员将收缴罚款据为己有的，是贪污行为，构成贪污罪。应当根据具体情形与数额追究执法人员的刑事责任。

执法人员有上述行为，但情节轻微不构成犯罪的，依法由有权机关给予处分。

第三节　行政赔偿责任

一、使用或损毁查封、扣押财物的法律责任

查封、扣押等行政强制措施，是针对行政执法过程中的违法行为、危害事件的预防、制止和控制而设计的行为和制度，是行政机关在执法过程中运用较多的行政强制措施。行政机关对依法查封、扣押的财物应妥善保管，不得使用或损毁。行政机关使用或损毁查封、扣押财物，给当事人造成损失的，应承担赔偿责任。除追究行政机关的赔偿责任外，还应依据《中华人民共和国公务员法》、《中华人民共和国监察法》和《公职人员政务处分法》等规定，对行政机关直接负责的主管人员和直接责任人员依法给予

处分或政务处分。对此，《行政处罚法》第八十条明确规定：“行政机关使用或者损毁查封、扣押的财物，对当事人造成损失的，应当依法予以赔偿，对直接负责的主管人员和其他直接责任人员依法给予处分。”

二、违法实施检查或执行措施的法律责任

《行政处罚法》赋予了行政机关在行政处罚实施过程中检查、强制执行的权力。行政检查是行政机关为了防止行政违法行为进一步扩大或造成不可挽回的损失，或者为了制止正在实施的行政违法行为而依法采取的措施。“执行措施”是指行政强制执行，指被处罚人无正当理由逾期不履行处罚义务，行政机关依法进行强制执行的行为。

行政检查权和行政强制执行权都是行政权的重要组成部分。行政检查措施和执行措施应当依法进行，行政机关违反相关实体法律或程序法律给公民、法人或者其他组织合法权益造成损害的，应承担相应法律责任。

一是行政赔偿责任。对于行政机关违法实施检查措施或执行措施给他人造成损害损失的行为，应依照《国家赔偿法》第三条、第四条、第二十五条至第二十九条的规定进行赔偿。

二是行政机关违法实施检查措施或执行措施给公民人身或者财产造成损害、给法人或其他组织造成损失的，情节轻微，不构成犯罪的，依法给予直接负责的主管人员和

其他直接责任人员处分。

三是行政机关违法实施检查措施或执行措施给公民人身或者财产造成损害、给法人或其他组织造成损失的，情节严重，构成犯罪的，依法追究刑事责任。

第四节　行政机关不作为的法律责任

一、以行政处罚代替刑事处罚的法律责任

行政处罚和刑罚是性质不同的两种处罚措施，所适用的行为的社会危害性不同，产生的法律效果亦不相同。对于一般违法行为的查处，由行政机关在职权范围内加以管辖；如果违法行为构成犯罪，则行政机关必须将案件移送司法机关，进而依法追究刑事责任。

行政机关在行政执法过程中发现涉嫌犯罪的案件需要刑事处理时，案件从行政执法程序向刑事司法程序流转的过程，被称为“行刑衔接”机制，是行政执法与刑事司法衔接工作机制的简称。行政执法与刑事司法衔接是当前深化行政执法体制改革的重要环节，也是多年来备受理论与实践关注的问题。

2021 年修订后的《行政处罚法》第二十七条和第三十五条在吸纳近年来经验基础上，进一步完善了“行刑衔接”制度。《国务院关于进一步贯彻实施〈中华人民共和

国行政处罚法〉的通知》明确要求，要全面贯彻落实《行政执法机关移送涉嫌犯罪案件的规定》，加强行政机关和司法机关协调配合，按规定畅通案件移送渠道，完善案件移送标准和证据认定保全、信息共享、工作协助等机制，统筹解决涉案物品归口处置和检验鉴定等问题。积极推进行政执法与刑事司法衔接信息平台建设。对有案不移等，情节严重构成犯罪的，依法追究刑事责任。

依据上述规定，若行政机关对应当依法移交司法机关追究刑事责任的案件而不移交，以行政处罚代替刑事处罚的，应承担以下相应的法律责任：

1. 由违法的行政机关的上级机关或者有关机关责令改正

行政执法机关违反本规定，不将案件移送司法机关的，由本级或者上级人民政府，或者实行垂直管理的上级行政执法机关，责令限期移送；行政执法机关违反本规定，对应当向公安机关移送的案件不予移送，或者以行政处罚代替移送的，由本级或者上级人民政府，或者实行垂直管理的上级行政执法机关，责令改正。

2. 对直接负责的主管人员和其他直接责任人员依法给予处分

行政机关违反本规定，对应当依法移交司法机关追究刑事责任的案件不予移交，以行政处罚代替刑事处罚的，应由任免机关或单位以及监察机关在各自的权限范围内对直接负责的主管人员和其他直接责任人员给予处分或政务处分。

3. 刑事责任

行政机关对应当依法移交司法机关追究刑事责任的案件不予移交，以行政处罚代替刑事处罚，情节严重构成犯罪的，应当承担刑事责任。“情节严重”是指行政执法人员存在应当依法移交司法机关追究刑事责任的案件而不移交的情形，“而不移交”是指行政执法人员在履行职责的过程中，明知违法行为已经构成犯罪，应当移送司法机关追究刑事责任而不移送，予以隐瞒、掩饰，或者“大事化小”，以行政处罚代替刑事处罚。不移交行为只有情节严重的，才能构成犯罪，对直接负责的主管人员和其他直接责任人员依法追究刑事责任。

二、行政机关其他方面不作为的法律责任

《行政处罚法》从设定和程序等方面规范行政处罚的同时，也相应地给行政机关实施处罚提供了法律依据。法律赋予行政执法部门的每一项行政执法职权，既是法定权力，也是必须履行的法定义务。行政执法部门对任何违反法定义务的不作为和乱作为的行为，都必须承担相应的法律责任。

《行政处罚法》第八十三条规定：“行政机关对应当予

以制止和处罚的违法行为不予制止、处罚，致使公民、法人或者其他组织的合法权益、公共利益和社会秩序遭受损害的，对直接负责的主管人员和其他直接责任人员依法给予处分；情节严重构成犯罪的，依法追究刑事责任。”根据该条文的规定，行政机关对应当予以制止和处罚的违法行为不予制止、处罚，致使公民、法人或者其他组织的合法权益、公共利益和社会秩序遭受损害的，应当承担相应的法律责任。

一是由具有相应惩戒权限的机关对直接负责的主管人员和其他直接责任人员依法给予处分。

二是情节严重的，应当承担刑事责任。此处的情节严重是指行政机关执法人员有玩忽职守行为且构成犯罪的，应当承担刑事责任。玩忽职守罪侵害的客体属于复杂客体：一方面，国家机关工作人员违反其职务的勤政性原则，侵害了国家机关的正常管理活动；另一方面，国家机关工作人员不履行或不正确履行职责的玩忽职守行为，造成公共财产、国家和人民利益遭受重大损失，也侵犯了公民的人身、财产权利以及公共财产安全和社会主义市场经济秩序等。从玩忽职守罪侵犯的上述客体可以看出，玩忽职守罪侵犯的客体既可以是上述客体中的一种，也可以是数种，如国家机关工作人员因玩忽职守，严重侵害了国家机关的正常管理活动，同时还会造成巨大的财产损失或人身权利受到严重侵害的社会后果等。这些客体既可以是同时侵犯，也可以是只侵犯一种或数种，并不是必然地侵犯所有的客体。

执法人员构成玩忽职守罪，必须具有因玩忽职守，致使公共财产、国家和人民利益造成重大损失的结果。2006年发布施行的《最高人民检察院关于渎职侵权犯罪案件立案标准的规定》，明确了应立案的情形与标准。若行政机关对应当予以制止和处罚的违法行为不予制止、处罚，致使公民、法人或者其他组织的合法权益、公共利益和社会秩序遭受损害，情节严重的，应当依据《刑法》的相关规定承担刑事责任。

※ 本章练习题 ※

一、单选题

1. 行政机关实施行政处罚，下列选项中，不属于由上级行政机关或者有关机关责令改正，对直接负责的主管人员和其他责任人员依法给予处分的情形是：（　　）。

A. 违反法定的行政处罚程序的

B. 擅自改变行政处罚种类、幅度的

C. 没有法定的行政处罚依据的

D. 截留、私分罚款、没收非法所得或者财物的

答案：D。

解析：A、B、C都是《行政处罚法》第七十六条规定的由上级行政机关或者有关机关责令改正，对直接负责的主管人员和其他直接责任人员依法给予处分的情形，D不是。

2. 2021年8月，某市交通执法部门认定何某存在交通违章行为，并对何某罚款80元，何某在缴纳罚款后，交通执法人员拒绝出具罚款单据，下列选项中表述正确的是：（　　）。

A. 何某有权就该执法部门不出具罚款单据的行为予以检举

B. 该执法部门应当出具由交通部门制发的罚款单据

C. 针对该执法部门不出具罚款单据的行为，何某不能拒绝，应当先缴纳罚款

D. 该执法部门享有不出具罚款单据的权力

答案：A。

解析：《行政处罚法》第七十条规定，行政机关及其执法人员当场收缴罚款的，必须向当事人出具国务院财政部门或者省、自治区、直辖市人民政府财政部门统一制发的专用票据；不出具财政部门统一制发的专用票

据的，当事人有权拒绝缴纳罚款。《行政处罚法》第七十七条规定，行政机关对当事人进行处罚不使用罚款、没收财物单据或者使用非法定部门制发的罚款、没收财物单据的，当事人有权拒绝，并有权予以检举，由上级行政机关或者有关机关对使用的非法单据予以收缴销毁，对直接负责的主管人员和其他直接责任人员依法给予处分。根据上述规定，针对本案中某市交通执法部门不出具罚款单据的行为，何某有权予以检举。因此，B、C、D是错误的。

3. 依据《行政处罚法》的规定，财政部门违法向行政机关返还罚款、没收的违法所得或者拍卖款项的，应当承担的法律责任不包括哪一项：（ ）。

A. 由上级行政机关或者有关机关责令改正

B. 承担行政赔偿责任

C. 对直接负责的主管人员依法给予处分

D. 对其他直接责任人员依法给予处分

答案： B。

解析：《行政处罚法》第七十八条规定：“行政机关违反本法第六十七条的规定自行收缴罚款的，财政部门违反本法第七十四条的规定向行政机关返还罚款、没收的违法所得或者拍卖款项的，由上级行政机关或者有关机关责令改正，对直接负责的主管人员和其他直接责任人员依法给予处分。”此处的“处分”包括由任免机关、单位作出的处分，由监察机关作出的政务处分。

4. 在行政机关实施行政处罚的过程中，对当事人造成的损失，应当依法赔偿的情形不包括：（　　）。

A. 行政机关使用查封、扣押的财物

B. 行政机关违法实施检查措施或执行措施，给公民人身或者财产造成损害的

C. 行政机关损毁查封、扣押的财物

D. 财政部门违法向行政机关返还没收的违法所得

答案：D。

解析：《行政处罚法》第八十条规定：“行政机关使用或者损毁查封、扣押的财物，对当事人造成损失的，应当依法予以赔偿，对直接负责的主管人员和其他直接责任人员依法给予处分。”《行政处罚法》第八十一条规定：“行政机关违法实施检查措施或者执行措施，给公民人身或者财产造成损害、给法人或者其他组织造成损失的，应当依法予以赔偿，对直接负责的主管人员和其他直接责任人员依法给予处分；情节严重构成犯罪的，依法追究刑事责任。”

5. 下列哪一违法行政处罚行为，要依法追究刑事责任？（　　）

A. 行政机关未告知当事人听证权利

B. 行政机关使用查封、扣押的财物，对当事人造成少量损失的行为

C. 行政机关拒绝举行听证的行为

D. 行政机关对应当依法移交司法机关追究刑事责任的案件不移交，以行政处罚代替刑事处罚，情节严重构成犯罪的行为

答案：D。

解析：《行政处罚法》第八十二条规定："行政机关对应当依法移交司法机关追究刑事责任的案件不移交，以行政处罚代替刑事处罚，由上级行政机关或者有关机关责令改正，对直接负责的主管人员和其他直接责任人员依法给予处分；情节严重构成犯罪的，依法追究刑事责任。"

二、简答题

结合我国《行政处罚法》的规定，简要回答行政处罚法律责任的形式有哪些。

答案：行政处罚法律责任的形式，指用什么样的方法追究违反《行政处罚法》规定的行政主体及其工作人

员的法律责任。根据《行政处罚法》的规定，行政处罚违法追究法律责任的方式主要有：

（1）责令改正。根据《行政处罚法》的相关规定，行政机关的上级机关或监察机关有权对违法实施行政处罚的机关行使责令改正的权力。

（2）处分。针对《行政处罚法》的相关规定，针对行政机关的违法行为，上级机关或有关机关对直接负责的主管人员和其他直接责任人员依法给予处分。处分应作广义理解，包括由任免机关、单位作出的处分，由监察机关作出的政务处分。任免机关、单位与监察机关作出处分或政务处分的权限应当依据《公职人员政务处分法》第三条来确定，但对公职人员的同一违法行为，监察机关和公职人员任免机关、单位不得重复给予政务处分和处分。

（3）赔偿。依据《行政处罚法》的规定，行政处罚实施主体有违反《行政处罚法》的行为，导致公民、法人或其他组织遭受实际损害的，应当依法予以赔偿。

（4）刑事责任。行政机关的公务人员违反《行政处罚法》的行为构成犯罪的，要依据《刑法》的相关规定承担相应的刑事责任。

第八章 附 则

第一节 涉外行政处罚

随着中国与世界各国之间的经济、文化交流与合作日益密切，对外吸引力亦显著增强，越来越多的外国人、无国籍人来中国留学、工作、旅游，越来越多的外国组织来华开展交流与活动。同时，外国人、无国籍人、外国组织在我国的违法案件也相对增多，特别是外国人的非法入境、非法居留、非法就业等问题突出，破坏了我国的行政管理秩序，需要将上述主体在我国领域内的违法行为纳入行政处罚的规制范围，有效引导、规范外国人、无国籍人、外国组织的行为。

《行政处罚法》第八十四条规定："外国人、无国籍人、外国组织在中华人民共和国领域内有违法行为，应当给予行政处罚的，适用本法，法律另有规定的除外。"根据该规定，外国人、无国籍人、外国组织在我国领域内有违法行为，应当给予行政处罚的，除法律另有规定的情形外，应当适用本法。

首先，针对外国人、无国籍人、外国组织实施的行政处罚，应当遵循平等原则。

任何一个主权国家对在本国活动的外国人都规定了依法享有的权利和必须履行的义务，都规定了必须遵守所在国的法律，这是国家平等原则的体现。外国人、无国籍人、外国组织享有《行政处罚法》中规定的同中华人民共和国公民、组织同等的诉讼权利和义务。

其次，针对外国人、外国组织的行政处罚，也要遵循对等原则。如果一个国家的法律对外国公民或者组织在本国的某些活动方面的权利与本国公民的权利有不同的规定，即加以限制，另一个国家也采取相应的措施加以限制，这种相互限制的规定，也是对等进行的，即对等原则。对等原则，既包括行使权利，也包括履行义务。

最后，若我国其他立法规定了外国人、无国籍人、外国组织在我国领域内有违法行为要进行行政处罚的情形，应适用其他立法。

第二节　期限与生效日期

一、期限的界定

期限的计算是《行政处罚法》实施的重要问题，在实践中期限规定不明确就会引起争议。法律对期限作出明确规定，一是督促行政机关提高效率，及时作出有关决定、实施行政处罚，依法履行职责，切实保护公民、法人或者其他组织的合法权益；二是增强人们的法治观念，督促或者强制不履行行政决定的当事人尽快履行其义务，维护正常的社会秩序。

《行政处罚法》第八十五条规定，本法中“二日”“三日”“五日”“七日”的规定是指工作日，不含法定节假日。对期限进行了明确界定。因“二日”“三日”“五日”“七日”这些期限都是属于较短的期限，如果包含法定节假日，会给行政机关完成工作带来困难。

二、施行日期

法律的施行日期，即法律的生效时间，是指法律何时开始生效、何时终止效力，以及法律对于其生效前的事件或行为是否具有溯及力的问题。施行日期是任何一部法律都不可或缺的基本要素。

《行政处罚法》第八十六条规定：“本法自 2021 年 7 月 15 日起施行。”此规定明确了修订后的《行政处罚法》的生效时间。

下　篇

行政处罚典型案例分析

1

《食品安全法》与《行政处罚法》的关系

——甲商店诉乙市丙区食品药品监督管理局食品安全处罚案[①]

【案情简介】

2017年6月14日乙市丙区食品药品监督管理局接到市民投诉热线，投诉人冯某反映其2017年6月12日在甲商店购买了一袋超过保质期的“××蜜汁山核桃味瓜子”，生产日期是2016年9月18日，保质期8个月，售价为12.8元。丙区食品药品监督管理局现场检查发现甲商店货架有“××蜜汁山核桃味瓜子”但没有投诉的涉案生产日期批次食品。在投诉人与甲商店质证过程中，商店无法提供

① 参见北京市第一中级人民法院（2018）京01行终763号行政判决书，载中国裁判文书网，https://wenshu.court.gov.cn/website/wenshu/181107ANFZ0BXSK4/index.html? docId=36860193929a4bf1b46ea98b00124f-52，最后访问时间：2022年1月8日。

有效证据证明投诉瓜子不是从其店里购买。2017 年乙市丙区食品药品监督管理局认定甲商店违反了《食品安全法》第三十四条第十项规定，依据《食品安全法》第一百二十四条第一款第五项，以及乙市相关规定处以没收违法所得12.8 元、罚款 5 万元的行政处罚。甲商店后向丙区政府申请复议，复议结果为维持处罚决定；甲商店后提起行政诉讼，一审法院认定甲商店的撤销被诉处罚决定和复议决定的请求无事实和法律依据，驳回诉讼请求。

二审法院同意一审法院对证据的认证，对一审判决查明的事实予以确认。在法律适用方面，二审法院认为：食品安全关系国计民生，国家实行严格的食品安全监管制度，其目的在于保障公众的身体健康和生命安全，维护社会稳定。关于处罚幅度是否适当的问题，《行政处罚法》是规范行政处罚的种类、设定及实施的基本法律，《食品安全法》是规范食品生产经营活动及其监督管理的基本法律。在处罚食品安全违法方面，二者之间是一般法与特别法的关系，通常应优先适用《食品安全法》，但在《食品安全法》没有明确规定时，可以适用《行政处罚法》。《行政处罚法》[①] 第四条第二款规定："设定和实施行政处罚必须以事实为依据，与违法行为的事实、性质、情节以及社

---

① 指 2021 年修订前的《行政处罚法》，本案"案情简介"部分下同。

会危害程度相当。”《行政处罚法》第五条规定：“实施行政处罚，纠正违法行为，应当坚持处罚与教育相结合，教育公民、法人或者其他组织自觉守法。”行政处罚应遵循过罚相当原则，行政处罚所适用的处罚种类和处罚幅度要与违法行为的性质、情节以及社会危害程度相适应。行政处罚兼具惩罚与教育的双重功能，通过处罚既应达到纠正违法行为的目的，也应起到教育违法者及其他公民自觉守法的作用。对违法行为施以适度的处罚，既能纠正违法行为，又能使违法者自我反省，同时还能教育其他公民自觉守法。如果处罚过度，则非但起不到教育的作用，反而会使被处罚者产生抵触心理，甚至采取各种手段拖延或抗拒执行，无形中增加了行政机关的执法成本，也不利于树立行政处罚的公信力。《行政处罚法》第二十七条第一款规定了应当依法从轻或者减轻行政处罚的情形。涉案过期瓜子只有一袋，货值金额仅为 12.8 元，未造成任何实际危害后果，且现场检查时未发现销售被投诉的同类过期商品，依据《行政处罚法》第二十七条第一款第四项规定应予以减轻处罚。依据《食品安全法》对上诉人处以 5 万元罚款，在处罚幅度上存在明显不当。《行政诉讼法》第七十七条第一款规定，行政处罚明显不当，或者其他行政行为涉及对款额的确定、认定确有错误的，人民法院可以判决变更，故二审法院将罚款变更为 1 万元。

【专家评析】

本案在特别法与《行政处罚法》的关系方面采用了优先适用特别法的同时，也结合适用《行政处罚法》的处理原则，违法行为定性上依据特别法，在处罚实施依据上适用《行政处罚法》。

《关于〈中华人民共和国行政处罚法（修订草案）〉的说明》中指出，修法的主要考虑之一就是把握通用性，从《行政处罚法》是行政处罚领域的通用规范出发认真总结实践经验，发展和完善行政处罚的实体和程序，为单行法律、法规设定行政处罚和行政机关实施行政处罚提供基本遵循。[1] 这一说明凸显了《行政处罚法》在行政处罚领域的总领地位，展现了《行政处罚法》的基础性和根本性特点。《行政处罚法》为单行法律、法规设定行政处罚和行政机关实施行政处罚提供基本遵循，为各个行政管理领域的行政处罚活动提供依据，确保行政处罚法律规范体系的统一性。立法实践中，《环境行政处罚办法》《中国银保监会行政处罚办法》等部门规章都将《行政处罚法》列为首要的制定依据。

---

① 《关于〈中华人民共和国行政处罚法（修订草案）〉的说明》，载中国人大网，http：//www. npc. gov. cn/npc/c30834/202101/5936c4478a8b4-d79a0edcdc589151a9b. shtml，最后访问时间：2022 年 1 月 1 日。

2

行政机关内设机构无法律法规授权不能对外作出处罚决定

——彭某诉甲市国土资源局监察大队土地行政处罚案①

【案情简介】

1997年12月15日，甲市政府批复同意将995亩土地划拨给彭某所办的乙科技示范农场进行农业综合开发，开发期三年。2004年12月7日，被告公告注销该土地开发许可证。2006年9月至10月，原告彭某持过期的土地开发证雇人开发荒地874.35亩。同年10月18日，甲市国土资源局土地监察大队立案调查，并于2007年6月28日以监察大队名义作出《土地行政处罚决定书》，决定收回非法开垦的874.35亩土地，处以87435元人民币罚款。彭某对此提起行政诉讼。

① 参见最高人民法院行政审判庭编：《中国行政审判案例（第四卷）》，中国法制出版社2012年版，第155页。

法院经审理判决，本案有权作出行政处罚的行政主体是甲市国土资源局，甲市国土资源局土地监察大队是甲市国土资源局内设机构，在没有法律、法规授权的情况下无权对外作出行政处罚决定。

【专家评析】

本案是关于行政处罚实施主体的典型案例。正如本书相关条款释义所述，能够成为行政处罚实施主体的要么是行政机关，要么是法律法规授权的其他组织，包括法律法规授权的行政机关内设机构、派出机构和其他组织。本案中，根据2004年《中华人民共和国土地管理法》[①] 第七十六条的规定，行政处罚的实施机关是县级以上人民政府土地行政主管部门，也就是县级以上国土资源局（如今的自然资源局等）。国土资源局下设的土地监察大队，作为行政机关的内设机构，除非获得法律、法规授权，否则不能成为行政处罚的实施主体，只能在行政处罚中经办相关事务，但对外必须以法律、法规授权的国土资源局名义作出决定。

---

① 新修订的《中华人民共和国土地管理法》已于2019年8月26日发布，并于2020年1月1日起正式实施。

3

没收违法所得行政处罚的应用

——甲药品公司乙区一分店诉乙区卫生健康委员会没收违法所得、罚款案①

【案情简介】

甲药品公司乙区一分店（以下简称一分店）的经营范围是零售化学药制剂、抗生素、生化药、中成药、中药饮片、生物制品（口服类）。2020年8月24日，何某某向乙区卫健委举报，称其于2020年5月1日起在一分店医生张某某处看病，按照张某某药方喝了两个月中药之后出现不适症状，后体检查出慢性胃炎。2020年8月25日乙区卫健委受理案件，同日对一分店进行了现场监督检查，在张

① 重庆市第四中级人民法院（2021）渝04行终30号行政判决书，载中国裁判文书网，https：//wenshu. court. gov. cn/website/wenshu/181107ANFZ0BXSK4/index. html? docId = 080fa3f5c1724db3840cad3600fdc65f，最后访问时间：2022年1月8日。

某某使用的木桌抽屉内发现31张《拆零记录》，部分有张某某签名，部分没有其签名。后经查实，有签名的是张某某开具的处方，没有签名的是张某某抄录的病人提供的处方。2020年9月16日，乙区卫健委就何某某提供的《拆零记录》照片及现场发现的31张《拆零记录》向4位中医师进行咨询，经其认定，张某某为何某某在《拆零记录》上开具中药以及其他开具的处方均具备中医处方的性质和要素，故认定为中医处方，即中药处方。张某某持有中医执业医师资格证书，执业地点在某中医医院，而一分店未能提供《医疗机构执业许可证》。2020年9月29日，乙区卫健委作出××〔2020〕13号《行政处罚决定书》（以下简称13号《处罚决定》），认为一分店未取得《医疗机构执业许可证》非法开展医疗执业活动，违反了《中华人民共和国基本医疗卫生与健康促进法》（以下简称《卫健促进法》）第三十八条的规定，依据《卫健促进法》第九十九条第一款的规定，决定予以没收违法所得2109.8元，罚款50000元的行政处罚。一分店不服，提起本案诉讼。

关于乙区卫健委作出的13号《处罚决定》对违法所得的认定以及适用法律是否正确的问题，一审法院认为：其一，乙区卫健委认定本案的违法所得为何某某在一分店内消费总额899元，以及乙区卫健委在现场发现的31张《拆零记录》中有张某某签名并载明了金额的8张《拆零记录》金额共计 1210. 8 元，以上共计 2109. 8 元。经查，张某某针对来店患者的病情对症治疗开具或誊抄《拆零记录》，患者凭《拆零记录》到收银台支付费用后购买中药，患者购药后收银员将《拆零记录》交给张某某，张某某依据《拆零记录》按销售成功的提成领取其报酬。因此，张某某开具的《拆零记录》就是一分店最终收取患者购买中药并应支付的费用，故乙区卫健委依据何某某在一分店内消费的金额以及有张某某签名的 8 张《拆零记录》计算出违法所得 2109. 8 元的认定正确。其二，根据《卫健促进法》第九十九条第一款规定："违反本法规定，未取得医疗机构执业许可证擅自执业的，由县级以上人民政府卫生健康主管部门责令停止执业活动，没收违法所得和药品、医疗器械，并处违法所得五倍以上二十倍以下的罚款，违法所得不足一万元的，按一万元计算。"因一分店存在未取得医疗机构执业许可证擅自执业的行为，乙区卫健委根据以上法律规定决定处以一分店没收违法所得 2109. 8 元，且因一分店的违法所得不足 10000 元，乙区卫健委按照 10000 元计算处以最低五倍的罚款即 50000 元，其作出的处罚决定适当，适用法律正确。二审法院支持了一审法院关于此问题的判决意见。

【专家评析】

本案中，对于违法所得的认定，突出强调了违法所得与违法行为之间的直接因果关系。对于《拆零记录》，以是否为张某某亲自开具作为划分标准，由其本人签字开具后获得的收益方属于一分店违法执业行为下的违法所得，与其他正常的经营收益进行了区分，突出了“违法所得”来源上的“非法性”特点。

同时，由于“没收违法所得”属于行政处罚，乙区卫健委在做出此行政处罚前，向一分店送达了《行政处罚事先告知书》，告知了其无证开展医疗执业活动的事实，以其行为违反《卫健促进法》第三十八条为由，依据该法第九十九条第一款规定告知其拟没收违法所得的数额及所处罚款的幅度，该告知书载明了处罚的事实、理由及依据等，符合原《行政处罚法》第三十一条[①]规定。一分店收到前述告知书后，提交了陈述意见，同时乙区卫健委听取了该店的陈述申辩，而后作出本诉处罚决定，遵守了行政处罚的程序规定。

新《行政处罚法》第二十八条第二款新增了关于违法所得处置的规定“当事人有违法所得，除依法应当退赔的外，应当予以没收”。案涉行政处罚发生在 2021 年修订的《行政处罚法》生效之前，因此退赔问题并没有在乙区卫健委的行政处罚决定中体现，也由于《卫健促进法》中并无相关规定，举报人何某某的消费总额直接被纳入没收的

---

① 对应现行《行政处罚法》第四十四条。

违法所得数额中。而新法生效后，违法所得是否应当先行退赔，将由具体的法律规范进一步予以确定。

此外，本案还涉及违法所得是否应当扣除成本和税费的问题。本案计算得出的违法所得 2109.8 元，并没有扣除所开具中药等成本费用以及税费，将直接获得的收入作为了违法所得，但实际上，这一问题一直处于争议之中，在违法所得数额的具体认定实践中长期困扰着基层执法工作者。2021 年修订的《行政处罚法》对没收违法所得作了界定，是指实施违法行为所取得的款项，原则上不扣除成本，因此违法所得中也包括当事人的投入，对当事人来讲也是一种“新的不利负担”。而对于税费而言，由于已经上缴国库，如再对此部分数额一并没收，则相当于要求相对人用其他合法款项予以填补。故一般而言，违法所得应指违反法律、法规等义务性规范产生的全部利益，应当扣除已经缴纳的税费，但不能扣除所谓的成本。

4

“一事不再罚”原则的适用

——甲县环境保护局与甲县乙新型建材有限公司行政处罚案[①]

【案情简介】

甲县环境保护局（以下简称甲县环保局）工作人员通过在线监控数据查到甲县乙新型建材有限公司（以下简称乙公司）在2019年7月1日至2019年7月6日氮氧化物排放超标1%—36%，超过了法律规定的排放标准，对周边大气造成了污染，随即立案调查。2019年7月7日，甲县环保局询问乙公司法定代表人，检查勘验了现场，检查时该公司正在生产，乙公司法定代表人董某亦承认排放氮氧

① 河南省南阳市中级人民法院（2020）豫13行终182号行政判决书，载中国裁判文书网，https：//wenshu. court. gov. cn/website/wenshu/181107ANFZ0BXSK4/index. html？docId = 0ef087b0a5ae4f998025ac760093a38f，最后访问时间：2022年1月8日。

化物超标，正在就超标问题进行整改。甲县环保局于2019年7月7日作出××（2019）第5号《责令（限期）改正决定书》，责令乙公司立即改正违法行为。2019年10月23日，经此前的听证，甲县环保局作出××（2019）第10号行政处罚决定书，并于2019年11月1日送达。2020年4月2日，乙公司不服，向法院提起本案行政诉讼。

另查明：就本案涉及的乙公司超标排放行政处罚纠纷存在以下四个行政处罚行为。第一个超标排放行为发生在2019年6月30日，甲县环保局作出××（2019）第9号《行政处罚决定书》，罚款16万元。第二个超标排放行为发生在2019年7月1日至7月6日，甲县环保局作出××（2019）第10号《行政处罚决定书》，罚款16万元。第三个超标排放行为发生在2019年7月13日，甲县环保局作出××（2019）第11号《行政处罚决定书》，罚款21万元。第四个超标排放行为发生在2019年7月16日，甲县环保局作出××（2019）第12号《行政处罚决定书》，罚款16万元。

一审法院认为，乙公司向大气排放污染物的行为是一个持续的行为，被告甲县环保局把该行为视为多个行为，并作出多次处以罚款的行政处罚系对法律理解有误。但二审法院并未支持此观点。二审法院认为，构成“一事不再罚”情形的要件事实集中于对“同一违法行为”的认定方面。《环境行政处罚办法》第十一条规定：“环境保护主管部门实施行政处罚时，应当及时作出责令当事人改正或者限期改正违法行为的行政命令。责令改正期限届满，当事人未按要求改正，违法行为仍处于继续或者连续状态的，可以认定为新的环境违法行为。”本案中，在上述四个违法行为查处过程中，甲县环保局均于次日作出并送达《责令（限期）改正决定书》，乙公司在收到相关《责令（限期）改正决定书》后，并未落实责令改正的内容，又再次出现超标排放违法情形，甲县环保局将其认定为新的违法行为而给予另案行政处罚，于法有据，并无不当，故并未违反“一事不再罚”原则。

【专家评析】

本案中，一审法院与二审法院关于行政机关做出行政处罚是否违反“一事不再罚”原则的意见完全相反，其关键原因就在于对“持续行为是否算作‘一事’”的判断标准不同。一审法院认为事实上的连续行为就是“一事”，而二审法院则找到了连续行为被中断的情形。

乙公司的排污行为事实上确实属于连续行为，由此，《环境行政处罚办法》为此种情形拟制了“收到行政命令”这一法定中断情形，当责令改正或限期改正的行政命令送达后，如果违法行为仍处于继续或者连续状态的，应认定为构成另一个新的环境违法行为，从而可以给予另外的行政处罚。

5

追罚时效起算点的确定

——沈某某诉甲省乙县自然资源局撤销行政处罚案①

【案情简介】

沈某某未经批准于2013年9月擅自占用甲省乙县某地耕地436.38平方米修建房屋用于经营农家乐。2019年8月5日，乙县自然资源局执法人员对沈某某涉嫌违法占地建房现场进行核查，发现该违法行为，随即进行立案调查。经对沈某某在听证会中提出意见不予采纳后，乙县自然资源局于2019年8月23日作出××（2019）23号《行政处罚决定书》，责令沈某某退还非法占用的乙县耕地436.38平方米，限期拆除在非法占用的土地上修建的建筑物和其他设施，恢复土地原状，并送达沈某某。沈某某不

① 《最高人民法院发布8起耕地保护典型行政案例之六》，载最高人民法院网，http://www.court.gov.cn/zixun-xiangqing-279511.html，最后访问时间：2022年1月8日。

服，提起本案诉讼。沈某某诉称，其对涉案建筑物管理使用已长达6年，乙县自然资源局在此期间从未对其下达任何处罚决定书，现今的处罚决定已超过行政处罚追诉时效。

一审法院认为，根据《行政处罚法》第二十九条[①]之规定精神，沈某某对非法占用土地的违法行为，在未恢复原状之前，应视为具有继续状态。本案中，乙县自然资源局对沈某某的违法行为从立案到作出处罚时，沈某某非法占用耕地仍然处于继续状态，乙县自然资源局作出行政处罚的追诉时效，应根据《行政处罚法》第二十九条第二款的规定，从违法行为终了之日起计算，故沈某某的该诉讼意见，理由不能成立，不予采纳。最终，一审法院判决驳回沈某某的诉讼请求。

【专家评析】

最高人民法院认为，本案的意义在于明确了违法占地行为的行政处罚追诉时效应从违法行为终了之日起计算。原《行政处罚法》第二十九条第一款规定："违法行为在二年内未被发现的，不再给予行政处罚。法律另有规定的除外。"实践中，有当事人误以为行政处罚追诉时效以行为开始之日起算，认为违法行为持续两年即超过追诉时

① 此处指原《行政处罚法》第二十九条，此条规定，"违法行为在二年内未被发现的，不再给予行政处罚。法律另有规定的除外。前款规定的期限，从违法行为发生之日起计算；违法行为有连续或者继续状态的，从行为终了之日起计算"，下同。

效，不会被处罚。本案明确了《行政处罚法》第二十九条第二款“前款规定的期限，从违法行为发生之日起计算；违法行为有连续或者继续状态的，从行为终了之日起计算”规定的内涵，对于促使违法占地行为人放弃侥幸心理，及时停止违法行为，恢复土地原状、保护耕地具有积极意义。

修改后，此条内容进一步完善。新《行政处罚法》第三十六条规定：“违法行为在二年内未被发现的，不再给予行政处罚；涉及公民生命健康安全、金融安全且有危害后果的，上述期限延长至五年。法律另有规定的除外。前款规定的期限，从违法行为发生之日起计算；违法行为有连续或者继续状态的，从行为终了之日起计算。”追罚时效的期限可以被延长至五年，但追罚时效的起算点，仍然同之前的规定一致。

此案对于其他领域的连续或继续违法行为的追罚时效起算点亦有借鉴意义。对于非法经营等行为，属于连续或继续的，并不会因为连续或继续期间超出了追罚时效期限而不再受到处罚，而是从行为终了之日开始计算期限。

6

行政辅助人员不能独立行使处罚权

——何某诉某市公安交警局行政处罚案[①]

【案情简介】

何某系某市居民。2020年8月4日10时40分，何某将其所有和驾驶的粤H×××××车辆停放在某市禁止停车的路面上，交警大队执法工作人员张某看到后，对这一情况拍照取证，之后开具《违法停车告知单》张贴于何某车上，载明粤H×××××小型客车于2020年8月4日在蓝塘北路违法停车，违反了《道路交通安全法》第五十六条的规定。2020年8月20日，交警大队作出《公安交通管理简易程序处罚决定书》，认为何某于2020年8月4日在某市实施机动车粤

① 参见广东省肇庆市中级人民法院（2021）粤12行终2号行政判决书，载中国裁判文书网，https://wenshu.court.gov.cn/website/wenshu/181217BMT-KHNT2W0/index.html? pageId = 7ceefcaf9d1ee82e0e63b2151fbc-7ed0&s7 =(2021)%E7%B2%A412%E8%A1%8C%E7%BB%882%E5%8F%B7，最后访问时间：2022年1月8日。

H×××××违反规定停放、临时停车，妨碍其他车辆、行人通行的违法行为违反了《道路交通安全法》相关规定，决定对其处以200元的罚款。何某不服，向法院提出起诉。

经法院审理查明，《违法停车告知单》和《公安交通管理简易程序处罚决定书》载明的事实无误，证据确凿。但当时对何某违章停车进行拍照及开具《违法停车告知单》的执法人员张某属于辅警身份，即行政辅助人员，且张某在进行上述执法活动时没有正式警察在场指导监督，现场仅有张某一人。

二审法院最终判决，行政辅助人员在没有正式执法人员在场监督指导的情况下，不能单独从事行政处罚执法活动。某市公安交警局对何某作出的行政处罚决定属于程序违法。

【专家评析】

本案是关于行政处罚实施主体的案件。行政处罚要做到主体适格，不仅行政处罚实施机关要符合法律的规定，具体经办行政处罚的相关人员也要具备相应的资格，同时做到实施机关适格和实施人员适格。对此，《广东省公安机关警务辅助人员管理办法》第五条第一款规定："辅警不具有人民警察身份，必须在公安机关及其人民警察的指挥和监督下开展警务辅助工作。"第八条规定："勤务辅警按照岗位分工，履行下列职责……（五）协助疏导交通，劝阻、纠正交通安全违法行为，并根据需要对交通安全违法行为进行取证；……”可见，根据相关规范，辅警在行政处罚实施过程中只能起到辅助作用，必须在公安机关及其人民警察的指挥和监督下开展警务辅助工作，不能独立行使行政处罚权，也不能单独实施行政处罚执法活动。

7

行政处罚程序中的听证规范

——某公司诉某行政机关行政处罚案①

【案情简介】

2019年3月15日，某行政机关向某公司作出5号告知书，告知其存在违规情况；未严格执行国家法律法规和标准规范要求，造成事故隐患。依据规定，拟给予某公司相应行政处罚。同时告知某公司，根据《行政处罚法》第四十二条的规定，其可在收到该告知书之日起3日内向某行政机关进行书面陈述（申辩）或提出听证要求，逾期未提出，视为放弃上述权利②。某公司于2019年5月6日签收

① 参见广东省肇庆市中级人民法院（2021）粤12行终2号行政判决书，载中国裁判文书网，https://wenshu.court.gov.cn/website/wenshu/181217BMTKHNT2W0/index.html?pageId=7ceefcaf9d1ee82e0e63b2151fbc7ed-0&s7=(2021)%E7%B2%A412%E8%A1%8C%E7%BB%882%E5%8F%B7，最后访问时间：2022年1月8日。

② 此处指原《行政处罚法》的规定，现行《行政处罚法》已对相关规定作出修改。

上述告知书。后某公司提出听证申请，并向某行政机关提交了书面听证意见等材料。2019 年 6 月 14 日，某行政机关召开听证会。某公司的法定代表人及其委托代理人参加了听证会。在听证会上，某行政机关的调查人员说明了认定的违法事实、依据及处罚建议，但并未向某公司出示相关批复、涉案事故调查报告等证据。2020 年 4 月 28 日，某行政机关作出被诉处罚决定。某公司不服，向一审法院提起行政诉讼。

一审法院认为，在听证程序举证质证环节中，某行政机关的调查人员本应向某公司出示拟作出处罚所依据的全部证据，接受某公司一方的质证。在某公司已经针对上述事实提出了异议的情况下，某行政机关的调查人员仍未向某公司出示任何证据，直接影响了某公司的质证权和申辩权，构成听证会举证质证程序违法，最终判决撤销被诉处罚决定。

二审法院认为，某行政机关在听证程序中未向某公司出示拟作出处罚所依据的全部证据，并接受某公司一方质证，一审法院据此认定被诉处罚决定程序违法正确。但上述程序违法并未妨害法院对被诉处罚决定的事实认定及法律适用进行合法性审查，如撤销被诉处罚决定并重启行政处罚程序，由某行政机关在重新进行的行政程序中再行出示相关证据、某公司再行质证，对案件的事实认定及法律适用并无任何实际影响，徒增双方参与行政程序及行政争诉的成本。据此，一审法院所作撤销判决，裁量不当。某行政机关应针对本案被诉处罚决定存在的违反法定程序情形，完善处罚程序的听证规范，全面保障行政相对人合法的陈述申辩权利，避免类似违法行为再次发生。

【专家评析】

行政处罚中的听证程序应当遵循一定的规范。2021 年修订后的《行政处罚法》第六十四条对原《行政处罚法》第四十二条的规定作出一定修改。根据现行的《行政处罚法》第六十四条第七项，举行听证时，调查人员提出当事人违法的事实、证据和行政处罚建议，当事人进行申辩和质证。

需要注意的是，听证程序是一项独立的环节，行政相对人有权在这一环节中集中了解行政机关作出行政行为的依据、证据和可能的法律后果，并据此进行陈述、申辩。行政机关不能因为行政相对人可能已经在关联的行政程序中了解到相关的证据就在听证程序中省略相关内容。本案中，某行政机关提出，其作出的 5 号告知书中已经列明了所依据的相关批复以及涉案事故调查报告等，且该报告已经公示，某公司作为事故相关人员应当知晓等主张。一审法院认为，安全生产事故的调查及批复程序和行政处罚程序系不同的行政程序，因而无论在事故调查及批复程序中，是否告知某公司有关认定结论以及处理建议，均不能免除某行政机关在听证会程序中的举证义务；某行政机关在 5 号告知书中列明依据相关批复以及上述报告的相关内容，仅是作为其认定的违法事实，亦不能等同于听证程序中的举证。二审法院尽管在全面审核了涉案证据之后，出于避免徒增双方诉累的考虑撤销了一审判决，但仍确认相关行政行为违法，并要求某行政机关完善处罚程序的听证规范。

8

行政处罚证据、证明标准以及简易程序

——廖某荣诉某市交警二支队行政处罚决定案[①]

【案情简介】

2005年7月26日8时30分，廖某荣驾驶车牌号为渝××××60的小轿车，遇某市交警二支队的执勤交通警察陶某坤执勤，交警示意原告靠边停车。交警陶某坤向廖某荣敬礼后，请廖某荣出示驾驶执照，指出廖某荣在加油（气）站的道路隔离带缺口处，无视禁止左转弯的交通标志违规左转弯。廖某荣申辩自己未左转弯，警察未看清楚。陶某坤认为廖某荣违反禁令标志行车的事实是清楚的，其行为已违反《道路交通安全法》的规定，依法应受处罚，遂向廖某荣出具516号处罚决定书。廖某荣拒不承认违法事实，拒绝在处罚决定书上签字，陶某坤遂在516号处罚决定书

① 《廖某荣诉某市交警二支队行政处罚决定案》，载《最高人民法院公报》2007年第1期。

上注明，并将该处罚决定书的当事人联交给廖某荣。廖某荣不服516号处罚决定，向某市公安局申请行政复议。2005年9月13日，该市公安局作出行政复议决定，维持了516号处罚决定书的内容。廖某荣仍不服，提起行政诉讼。

重庆市渝中区人民法院引入了优势证据规则，认定廖某荣违反禁令行车的事实可以认定，被告交警二支队的执勤交通警察当场作出的516号处罚决定书，对廖某荣给予罚款200元的行政处罚，适用法律正确，符合法定程序，依法予以维持。廖某荣的诉讼请求不能成立，不予支持。

【专家评析】

一、关于简易程序中的一人执法问题

《道路交通安全法》也没有对交通执法的执法人员数量作出特别规定。《道路交通安全违法行为处理程序规定》明确规定适用简易程序处罚的，可以由一名交通警察作出。《公安机关办理行政案件程序规定》第三十九条第一款也明确规定："适用简易程序处罚的，可以由人民警察一人作出行政处罚决定。"该规定不仅适用于道路交通执法领域，也适用于公安机关负责的其他行政处罚执法领域。

但是在公安执法的其他领域，比如消防，有其他规定。《消防监督检查规定》第十四条规定，公安机关消防机构实施消防监督检查时，检查人员不得少于两人。对检查人员不得少于两人的规定，一方面，这是为了保障行政处罚案件调查、取证等环节的客观、公正；另一方面，这也是对执法人员自身的保障。

二、关于优势证据的问题

《行政处罚法》第四十条规定行政机关必须在查明事实后才能给予行政处罚，违法事实不清、证据不足的，不得给予行政处罚。对简易程序在第五十一条又规定了“违法事实确凿”，但是何为违法事实确凿，简易程序和普通程序的事实证明标准有何区别，《行政处罚法》没有明确规定。通常认为根据不同的适用情形，证明标准分为排除合理怀疑标准、清楚而有说服力标准以及优势证据标准等。在廖某荣案中，法院采用了优势证据标准，即认为交通执法人员在依法执行公务，其陈述的客观真实性能够得到证实，并且交通执法人员与廖某荣之间不存在利害关系，因此在交通执法人员与廖某荣提供的证据出现一比一的局面时，交通执法人员的陈述具有优势证据的证明力。

此次《行政处罚法》修改后，对于简易程序的证明标准的进一步明确，除第五十一条的违法事实确凿外，主要体现在第四十一条关于电子证据的规定中。以廖某荣案为例，当前交通执法领域的现场执法，都要求配备电子执法记录仪，同时各主要路段基本都设置了电子技术监控设备，因此，即使适用简易程序当场作出行政处罚决定，也要求电子技术监控设备记录的违法事实达到“真实、清晰、完整、准确”的标准，且该记录应当经过审核并符合证据的要求，才可以作为行政处罚的证据予以采用。

9

行政执法与刑事司法衔接应用实例

——黄某某等重大责任事故、谎报安全事故案①

【案情简介】

2018年11月3日，某船舶公司接运A公司储罐内的工业用裂解碳九。因码头吊机自2018年以来一直处于故障状态，A公司两操作工便违规操作输送碳九，致输油软管破裂，约69.1吨碳九泄漏，造成A公司码头附近海域水体、空气等受到污染，周边69名居民身体不适接受治疗。泄漏的碳九越过围油栏扩散至附近海域网箱养殖区，部分浮体被碳九溶解，导致网箱下沉。

事故发生后，A公司原副总经理雷某某要求船方隐瞒事故原因和泄漏量，A公司原法定代表人兼执行董事黄某

① 最高人民检察院指导性案例第96号，载中华人民共和国最高人民检察院网，https：//www.spp.gov.cn/spp/jczdal/202101/t20210127_507779.shtml，最后访问时间：2022年1月1日。

某及相关负责人商议后决定在对外通报及向相关部门书面报告中谎报事故发生的原因是法兰垫片老化、碳九泄漏量为6.97吨。A公司也未按照海上溢油事故专项应急预案等有关规定启动一级应急响应程序，导致不能及时有效地组织应急处置人员开展事故抢救工作，直接贻误事故抢救时机，进一步扩大事故危害后果，并造成不良的社会影响。经审计，事故造成直接经济损失672.73万元。

经事故调查组认定，该事故为企业生产管理责任不落实引发的化学品泄漏事故。事故发生后，乙市丙区人民检察院与乙市及丙区原安监部门、公安机关等共同就事故定性与侦查取证方向问题进行会商。丙区人民检察院在提前介入侦查过程中，发现事故对附近海域及大气造成污染，刑事检察部门与公益诉讼检察部门同步介入，密切协作配合，根据当地行政执法与刑事司法衔接工作规定，及时启动重大案件会商机制，联系环保、海洋与渔业等部门，实地查看污染现场，了解事件进展情况。并针对案件性质、可能导致的后果等情况进行风险评估研判，就污染监测鉴定、公私财产损失计算、海域污染清理、修复等事宜对公安机关侦查和环保部门取证工作提出意见建议。前期取证工作，为乙市生态环境局向甲海事法院提起海洋自然资源与生态环境损害赔偿诉讼，奠定了良好基础。

【专家评析】

本案中，在化学品泄露事故发生后，检察院提前介入侦查，与安监部门、公安机关共同商议事故定性与侦查取证方向问题，帮助环保部门取证，实现了涉嫌犯罪案件向司法机关的及时移送，也为行政机关向违法行为追责提供了便利条件。而安全生产事故涉及生态环境污染的，刑事检察部门要和公益诉讼检察部门加强协作配合，减少公共利益损害。化工等领域的安全生产事故，造成生态环境污染破坏的，刑事检察部门和公益诉讼检察部门要加强沟通，探索“一案双查”，提高效率，及时通报情况、移送线索，需要进行公益损害鉴定的，及时引导公安机关在侦查过程中进行鉴定。要积极与行政机关磋商，协同追究事故企业刑事、民事、生态损害赔偿责任。推动建立健全刑事制裁、民事赔偿和生态补偿有机衔接的生态环境修复责任制度。依托办理安全生产领域刑事案件，同步办好所涉及的生态环境和资源保护等领域公益诉讼案件，积极稳妥推进安全生产等新领域公益诉讼检察工作。

2021 年修订后的《行政处罚法》也规定了行刑衔接案件的双向移送制度，在行政机关向司法机关移送案件的基础上，补充规定了司法机关向行政机关移送案件的情形，让行政执法与刑事司法能够更好地相互衔接，让司法机关与行政机关能够充分共享资源，提高执法效率，让行政追责与刑事追责不再互相掣肘，而能齐头并进。

10

金钱给付义务的执行

——龙某、甲市住房保障局执行审查案①

【案情简介】

甲市住房保障局因龙某在其居住处搭建占用公共用地，于2013年11月13日作出××（2013）005号《行政处罚决定书》，责令改正并处罚款1万元整。因龙某未自行改正及缴纳罚款，甲市住房保障局于2014年3月5日作出××（2014）1号《行政强制执行催告书》，该催告书决定加处龙某缴纳滞纳金1万元整。因龙某未履行上述相关行政决定，甲市住房保障局于2014年4月25日向甲市法院申请强制执行。在执行过程中，甲市住房保障局与龙某达

① 黑龙江省高级人民法院（2019）黑执复78号执行裁定书，载中国裁判文书网，https：//wenshu. court. gov. cn/website/wenshu/181107ANFZ-0BXSK4/index. html? docId=f8d7dc350a8442a99cecaa6a002289c0，最后访问时间：2022年1月8日。

成执行和解协议，甲市法院于2014年10月17日终结执行本案。此间龙某对××（2013）005号《行政处罚决定书》向甲市人民政府提起行政复议。甲市人民政府作出××（2015）7号《行政复议决定书》，对××（2013）005号《行政处罚决定书》予以维持。此后因龙某未能按期履行缴款义务，甲市住房保障局于2017年5月25日申请恢复执行。甲市中级人民法院作出（2017）黑04执恢5号执行裁定，恢复执行。

龙某提出异议认为：甲市住房保障局没有行政处罚权，所作出的处罚决定没有依据；自己对甲市住房保障局提起行政诉讼没有超过诉讼时效；甲市住房保障局滥用行政处罚权，请求法院退还已执行的罚金及滞纳金。

甲市中级人民法院认为，本案异议人龙某已经将执行款全部缴清，其所提异议理由，均不是针对执行行为，而是认为执行依据不合法。龙某针对××（2015）7号《行政复议决定书》，已向甲市基层人民法院提起行政诉讼，被判决驳回，其不服又向甲市中级人民法院提出上诉，又被驳回，如龙某认为一、二审判决错误，可以通过申请再审的途径进行救济，而不能在执行异议中提出。故依照《民事诉讼法》相关规定，作出（2019）黑04执异22号执行裁定，驳回龙某的异议请求。

龙某向黑龙江高级人民法院提出复议称：甲市住房保

障局没有行政处罚权，对其是无效处罚，法院不应执行罚款及滞纳金，请求撤销（2019）黑04执异22号执行裁定书。

黑龙江高级人民法院经审查查明的事实与执行法院认定的事实一致。申请复议人龙某所提复议理由是其认为本案的根本问题是基于甲市中级人民法院不应执行甲市住房保障局及甲市人民政府相关处罚决定。甲市住房保障局作为行政主管机关，具备行政处罚职能，有权对龙某违法搭建行为进行处罚，在龙某不能自动履行缴纳罚款、滞纳金的情况下，向甲市中级人民法院申请强制执行，该院立案执行，符合法律规定。申请复议人龙某所提甲市住房保障局在履行行政职责中违反规定违法行政以及其行政诉讼未过时效，一、二审法院不应驳回诉讼等理由，均属于实体问题，执行程序中无权审查。申请复议人龙某如认为一、二审行政判决错误，可以通过审判监督程序解决。驳回申请复议人龙某的复议申请。

【专家评析】

该案较为完整地呈现了金钱给付义务执行可能出现的各种情况。

第一，当事人逾期不履行行政处罚决定。根据新修订的《行政处罚法》第七十二条第一款第一项的规定，当事人逾期不履行行政罚款决定的，作出行政处罚决定的行政机关可以采取加处罚款的方式，加处罚款的数额不得超出罚款的数额。根据《行政强制法》对行政机关执行程序的规定，当事人在行政机关决定的期限内不履行义务的，行政机关作出强制执行决定前，应事先催告当事人履行义务。在当事人逾期不缴纳罚款的情况下，行政机关在催告当事人履行义务的同时作出加处罚款 1 万元的强制执行决定。加处罚款 1 万元与罚款 1 万元的数额等同，未超过罚款的数额。

第二，经催告，逾期仍不履行行政决定，且无正当理由的，行政机关申请人民法院强制执行。《行政强制法》第四十六条规定实施加处罚款超过 30 日，经催告当事人仍不履行的，具有行政强制执行权的行政机关可以强制执行。没有行政强制执行权的行政机关应当申请人民法院强制执行。

第三，在执行过程中，行政机关与当事人达成执行和解协议。根据《行政强制法》第四十二条关于执行和解的规定，实施行政强制，行政机关可以在不损害公共利益和他人合法利益的情况下，与当事人达成执行协议。执行协议可以约定分阶段履行；当事人采取补救措施，可以减免加处罚款。当事人如果不履行执行协议，则恢复强制执行。根据《行政诉讼法》第一百零一条的规定，人民法院审理行政案件，关于执行，本法没有规定的，适用《民事诉讼法》的相关规定。依照《民事诉讼法》第二百六十三条关于“申请人表示可以延期执行的，人民法院应当裁定中止执行”的规定，第二百六十四条关于申请人撤销申请或者人民法院认为应当终结执行的其他情形由人民法院裁定终结执行。本案中行政机关和当事人达成执行协议，其间，当事人对甲市住房保障局的行政处罚决定向甲市人民政府申请行政复议，复议机关维持行政处罚决定。当事人此后未能按期履行缴款义务，作出行政处罚决定的甲市住房保障局申请恢复执行。甲市中级人民法院作出执行裁定，恢复执行。当事人缴清全部执行款。

第四，执行完成后当事人提出异议。在当事人提出异议，认为住房保障局没有行政处罚权，对行政处罚不服提起行政诉讼没有超过诉讼时效，作出行政处罚机关滥用行政处罚权，请求退还执行的罚款和加处罚款后，法院认为异议理由并不是针对执行行为，而是执行依据不合法，所提异议理由针对行政处罚决定已经行政复议维持决定，经提起行政诉讼判决驳回，上诉依然被驳回，所提异议如果认为一、二审认定错误，可以通过再审救济而不是提起执行异议。最终执行异议经过黑龙江高级人民法院的复议，依然驳回当事人的复议申请。

11

行政处罚与行政强制措施应当依法进行

——李某阳、何某菊诉甲县城市管理综合执法局行政处罚及赔偿案①

【案情简介】

2015年6月13日，甲县人民政府发布《关于开展城市环境综合整治的通告》，决定对县城环境进行综合整治。6月14日，被告甲县城市管理综合执法局（以下简称甲县城管局）向原告送达行政执法告知书，限李某阳、何某菊于6月17日下午5时自行搬离位于甲县××××街××旁摆摊点。何某菊对上述告知书进行了签收。

2015年6月18日，甲县城管局认为李某阳、何某菊

① 参见云南省昭通市中级人民法院（2016）云06行终95号行政判决书，载中国裁判文书网，https://wenshu.court.gov.cn/website/wenshu/181107ANFZ0BXSK4/index.html?docId=103e3cf337604a9aa64fa7cc011d6fea，最后访问时间：2022年1月8日。

在街道和公共通道违法占道经营，拆除了其位于××旁过道的商铺经营设施，扣押其经营商品，并进行了录音录像。6月18日，甲县城管局出具物品暂扣单及物品登记表，限李某阳、何某菊于6月30日前到被告处接受处理，并对物品进行了清理登记，现场协助单位甲县工商行政管理局、甲县食品药品监督管理局在物品登记表上加盖了公章。该暂扣单载明李某阳、何某菊拒绝签收。11月25日，甲县城管局作出信访答复意见书，告知李某阳，已经对其违法占道经营的商品予以没收并进行了销毁。12月4日，甲县城管局向李某阳送达信访答复意见书及违法暂扣物品登记表。

原告认为，自己在家中房屋过道摆放物品，没有妨碍过往人行走，所经营的烟酒生意属合法经营，甲县城管局未向原告送达告知书，在未通知原告到场的情况下，将扣押物品进行销毁的行为程序违法，损害李某阳、何某菊的合法权益，故诉至法院，要求确认被告暂扣、销毁物品的行政行为违法，并赔偿其经济损失。

一审法院经审理作出如下判决：

1. 被告甲县城管局于2015年6月18日对被处罚人物品进行扣押、销毁及强制拆除货柜、烟柜的行政行为违法。

2. 判令被告甲县城管局在判决生效后30日内赔偿原告李某阳、何某菊主要财产损失31856元，货柜、烟柜评估价3500元，共计35356元。

3. 鉴定费22000元，由被告甲县城管局承担，判令被告在判决生效后30日内直接支付给先行垫付人李某阳。

二审法院同意一审法院裁判意见，维持了一审判决。

【专家评析】

本案涉及行政机关在行政执法中违法实施行政强制措施及承担相应法律责任的相关问题，主要争议焦点包括：

一、被告扣押、销毁原告经营的商品与拆除货柜、烟柜的行为是否违法

本案被告甲县城管局是经过法律授权行使相对集中领域处罚权的行政主体，其执法行为必须依照《行政处罚法》规定的各项法定程序展开。依据法律规定，本案被告享有行政处罚权与实施行政强制措施的权力。首先，甲县城管局在扣押、销毁原告经营商品的执法过程中，没有当场出具扣押决定书、销毁决定书，也未告知被处罚人救济途径，违反了《行政强制法》第二十四条和第二十六条的规定。其次，甲县城管局在对原告的商品进行扣押后，未在法定期限内作出任何处罚决定，也未告知原告救济途径，即对该物品进行了销毁，违反了《行政强制法》第二十五条和第二十七条的规定，也违反了《行政处罚法》第八十条的规定。

本案中，甲县城管局在没有作出任何处罚决定的情况下即销毁其没收的财物，没有法律依据，严重违反法定程序，依法应予撤销。

二、被处罚人享有获得国家赔偿的权利

根据《国家赔偿法》第四条的规定，行政机关及其工作人员在行使行政职权时有违法实施罚款、吊销许可证和执照、责令停产停业、没收财物等行政处罚与违法对财产采取查封、扣押、冻结等行政强制措施情形的，受害人有获得赔偿的权利。根据《行政处罚法》第八十条的规定，行政机关使用或者损毁查封、扣押的财物，对当事人造成损失的，应当依法予以赔偿。根据《行政处罚法》第八十一条的规定，行政机关违法实施检查措施或者执行措施，给公民人身或者财产造成损害、给法人或者其他组织造成损失的，应当依法予以赔偿。

本案中被告扣押、销毁原告经营的商品与拆除货柜、烟柜的行为违法，被处罚人享有获得国家赔偿的权利。由于被告无法对扣押、销毁物品与拆除的货柜、烟柜进行返还或恢复原状，依据《国家赔偿法》第三十六条第一款第四项的规定，应当返还的财产灭失的，行政机关应当给付相应的赔偿金。

12

行刑衔接机制中法律责任的认定

——丁某方徇私舞弊不移交刑事案件案①

【案情简介】

1997 年 7 月，丁某方任甲市林副业局林政科科长兼林政稽查大队大队长。2001 年 2 月，乙市多种经营管理局接到关于甲市上坝村滥伐林木的举报后，派该局林政处副处长顾某到该村初查。同年 4 月 17 日，甲市信访局、农工部等单位协调决定，由甲市林副业局负责查处此案。4 月 18 日上午，丁某方和顾某等人到上坝村调查，丁某方查看了该村 1999 年和 2000 年的销售林木账，初步测算出该村二年内滥伐林木约 600 立方米。当日下午，丁某方因事离开，

① 《丁某方徇私舞弊不移交刑事案件案第 209 号——认定徇私舞弊不移交刑事案件罪是否应以未移交的犯罪嫌疑人已被生效判决确定有罪为前提》，载最高人民法院刑事审判第一庭、最高人民法院刑事审判第二庭编：《刑事审判参考》（2002 年第 5 辑 · 总第 28 辑），法律出版社 2003 年版，第 34 页。

由顾某等人对群众举报滥伐情况严重的部分林地进行了实地踏查并画了三份现场图。事后，顾某将现场图交给丁某方。

4月20日，丁某方向镇领导通报上坝村滥伐林木案查处情况时表示，上坝村滥伐林木情节严重，有关人员会受到刑事处罚。镇领导要求“不要抓人”，丁某方接受说情，还承诺将认定的滥伐林木数降至20立方米以下，以行政处罚结案，并让镇领导根据其作出的行政处罚确定的滥伐林木数，对上坝村的销售林木账进行“技术处理”。之后，丁某方隐瞒初步测算上坝村滥伐林木约600立方米的调查情况，根据顾某交给他的现场图，测算出这些地块内滥伐的林木数是17.9888立方米，以此作为查处结果，向本局领导与顾某作了汇报。甲市林副业局根据丁某方汇报的滥伐林木数量，于4月27日决定对上坝村进行林业行政处罚，处罚决定由顾某宣布。

一审法院判决被告人丁某方犯徇私舞弊不移交刑事案件罪，判处其有期徒刑一年，缓刑一年六个月。一审宣判后，丁某方不服，以其不符合构成徇私舞弊不移交刑事案件罪主体，无徇私舞弊的故意及行为不构成犯罪为由，提起上诉。

本案二审期间，上坝村滥伐林木案，已由一审法院作出有罪判决，一审认定的滥伐林木数为542.712立方米。

二审法院认为原审法院认定上诉人丁某方犯徇私舞弊不移交刑事案件罪的基本事实清楚，证据确凿、充分，适用法律正确，量刑适当，诉讼程序合法。裁定驳回上诉，维持原判。

【专家评析】

本案涉及行刑衔接机制中法律责任的认定，具体争议焦点包括：

一、丁某方是否符合徇私舞弊不移交刑事案件罪的犯罪主体资格

行政执法人员既包括在行政执法机关中从事执法的人员，也包括在法律、法规授权的组织中从事执法的人员，同时还包括受行政机关委托从事执法、受行政机关聘用从事公务的人员。徇私舞弊不移交刑事案件罪的犯罪主体一般为负责查处某种行政违法案件的行政机关部门负责人及案件承办人员。本案中，丁某方是甲市林副业局林政科科长兼林政稽查大队大队长，有查办林业行政违法案件的职责，也受命代表林副业局赴上坝村调查滥伐林木情况。虽然本案中丁某方是在配合上级机关查处行政违法案件，其所在的甲市林副业局未办理立案手续，上级机关工作人员顾某参与了案件的调查且宣读过行政处罚决定等，但这些事实都不能改变丁某方所在的甲市林副业局为行政执法主体的实质。作为行政执法机关查办案件的直接责任人，丁

某方在执法过程中明知应追究有关人员的刑事责任，却擅自将本应移交追究刑事责任的案件作行政处罚处理，其符合《刑法》上述条文中关于“行政执法人员”这一主体条件。因此，其具有徇私舞弊不移交刑事案件罪的犯罪主体资格。

二、“徇私”的认定

违法行为人“徇私”的故意和舞弊行为是构成徇私舞弊不移交刑事案件罪的必要条件。本案中，丁某方通过查销售林木账，已经掌握了上坝村滥伐林木的总体情况，却在接受镇领导请求“不要抓人”的情况下，授意他人修改该村的销售林木账，将滥伐林木数量降至20立方米以下，具有隐瞒真相的故意以及舞弊的行为。

三、如何认定“不移交”

不移交不能仅仅认定为不直接向司法机关移交，还应包括在行政执法机关内部环节之间的不移交，如因徇私舞弊不按规定将案件提交下一环节而擅自终止案件，导致案件应移交公安机关而未移交的情形。因此，徇私舞弊不移交刑事案件罪的不移交也包括如下情况：一是行为人擅自终结案件的处理，不向上一级移交案件，致使违法犯罪行为得以继续；二是行为人伪造证据，弄虚作假，对应当报告的情况不报告，致使上级对案件作出错误的处理决定。对不同职责、地位的行政执法人员而言，不移交的具体含义不同：对一般办事人员而言，是指不向中层管理机构移交；对中层负责人而言，是指不按照规定向其他机构或单位负责人移交；而对单位负责人而言，则是指不按照规定提交集体讨论决定或不按规定向司法机关移交。本案中丁某方明知上坝村两年内滥伐林木数额巨大，违反了《中华人民共和国森林法》和《刑法》的规定，有关人员的行为已经涉嫌犯罪，应当将案件移交给其他部门处理，却应他人的请求徇私舞弊，隐瞒真相，以授意他人改动后的调查结果向本局领导与上级行政机关的办案人员顾某作了汇报，致使甲市林副业局根据丁某方的汇报对上坝村进行林业处罚，以行政处罚来代替刑事处理，放纵犯罪，情节严重，构成徇私舞弊不移交刑事案件罪。

13

行政处罚不作为的法律责任

——郑某军食品监管渎职刑事案[1]

【案情简介】

2016年9月，郑某军在担任甲市乙县畜牧兽医站副站长兼任乙县畜牧兽医综合执法大队大队长期间，作为负有食品安全监督管理职责的国家机关工作人员，在行政执法过程中发现乙县永顺德肉联厂存在给待宰生猪打药、灌水嫌疑，未按规定依法处理，致使相关人员继续在该厂给待宰生猪打药、灌水。被打药、灌水生猪共计11.4万余头，制成的生猪产品被销往江苏、上海等多地供人食用，销售金额人民币1.7亿余元，给人民群众生命健康造成潜在

① 参见江苏省淮安市中级人民法院（2021）苏08刑终106号刑事裁定书，载中国裁判文书网，https：//wenshu.court.gov.cn/website/wenshu/181107ANFZ0BXSK4/index.html? docId = 7f62b287cae0478784feacfb01293101，最后访问时间：2022年1月8日。

危害。

法院认为，被告人郑某军身为负有食品安全监管职责的国家机关工作人员，不按规定依法履职，造成其他严重后果，其行为已构成食品监管渎职罪。公诉机关指控被告人郑某军犯食品监管渎职罪，事实清楚，证据确实、充分，定性准确，本院予以支持。被告人郑某军犯罪后自动投案，如实供述自己罪行，系自首，依法可以从轻处罚。被告人郑某军自愿认罪认罚，依法可从宽处理。判处郑某军有期徒刑一年六个月。

【专家评析】

本案涉及行政机关对应当予以制止和处罚的违法行为不予制止、处罚的法律责任的认定问题：

一、制止、处罚违法行为是行政处罚制度的重要目的

行政处罚设立的重要目的之一是制止违法行为。违法行为是破坏社会秩序、损害公共利益的行为，若违法行为得不到制止，则社会秩序难以修复。因此，一旦法律规定禁止了某些行为，并对实施违法行为的当事人规定了处罚，行政机关一定要严格执行法律，依法对违法者给予制裁，这是行政处罚制度的本意。行政机关依法对违法行为人实施处罚，是法律赋予行政机关的重要职责，若行政机关对违法行为人不予制止、处罚，则构成行政机关的失职行为。若行政机关的失职行为导致违法行为造成严重后果

的，应当追究行政机关的责任。本案中，《食品安全法》赋予了县级人民政府食品安全监督管理部门享有履行食品安全监督管理职责、对食品安全违法行为进行行政执法的重要职责。

二、行政不作为构成玩忽职守犯罪的认定

如果行政机关对应当予以制止和处罚的违法行为不予制止、处罚，致使公民、法人或者其他组织的合法权益、公共利益和社会秩序遭受损害，情节严重的，应依法追究刑事责任。此处的刑事责任需结合《刑法》第三百九十七条对玩忽职守犯罪的规定来加以认定。玩忽职守罪是指国家机关工作人员严重不负责任，不履行或者不认真履行职责，致使公共财产、国家和人民利益遭受重大损失的犯罪行为。该罪的犯罪主体是国家工作人员，在客观方面表现为国家机关工作人员违反工作纪律、规章制度，擅离职守，不尽职责义务或者不正确履行职责义务，致使公共财产、国家和人民利益遭受重大损失的行为。2006 年发布的《最高人民检察院关于渎职侵权犯罪案件立案标准的规定》中，明确了涉嫌玩忽职守犯罪应当立案的情形。

本案中，郑某军的违法行为构成玩忽职守罪，应当承担相应的刑事责任。

附 录

中华人民共和国行政处罚法

（1996 年 3 月 17 日第八届全国人民代表大会第四次会议通过　根据 2009 年 8 月 27 日第十一届全国人民代表大会常务委员会第十次会议《关于修改部分法律的决定》第一次修正　根据 2017 年 9 月 1 日第十二届全国人民代表大会常务委员会第二十九次会议《关于修改〈中华人民共和国法官法〉等八部法律的决定》第二次修正　2021 年 1 月 22 日第十三届全国人民代表大会常务委员会第二十五次会议修订）

目　　录

第一章 总 则

第一条 为了规范行政处罚的设定和实施，保障和监督行政机关有效实施行政管理，维护公共利益和社会秩序，保护公民、法人或者其他组织的合法权益，根据宪法，制定本法。

第二条 行政处罚是指行政机关依法对违反行政管理秩序的公民、法人或者其他组织，以减损权益或者增加义务的方式予以惩戒的行为。

第三条 行政处罚的设定和实施，适用本法。

第四条 公民、法人或者其他组织违反行政管理秩序的行为，应当给予行政处罚的，依照本法由法律、法规、规章规定，并由行政机关依照本法规定的程序实施。

第五条 行政处罚遵循公正、公开的原则。

设定和实施行政处罚必须以事实为依据，与违法行为的事实、性质、情节以及社会危害程度相当。

对违法行为给予行政处罚的规定必须公布；未经公布的，不得作为行政处罚的依据。

第六条　实施行政处罚，纠正违法行为，应当坚持处罚与教育相结合，教育公民、法人或者其他组织自觉守法。

第七条　公民、法人或者其他组织对行政机关所给予的行政处罚，享有陈述权、申辩权；对行政处罚不服的，有权依法申请行政复议或者提起行政诉讼。

公民、法人或者其他组织因行政机关违法给予行政处罚受到损害的，有权依法提出赔偿要求。

第八条　公民、法人或者其他组织因违法行为受到行政处罚，其违法行为对他人造成损害的，应当依法承担民事责任。

违法行为构成犯罪，应当依法追究刑事责任的，不得以行政处罚代替刑事处罚。

第二章　行政处罚的种类和设定

第九条　行政处罚的种类：

（一）警告、通报批评；

（二）罚款、没收违法所得、没收非法财物；

（三）暂扣许可证件、降低资质等级、吊销许可证件；

（四）限制开展生产经营活动、责令停产停业、责令关闭、限制从业；

（五）行政拘留；

（六）法律、行政法规规定的其他行政处罚。

第十条　法律可以设定各种行政处罚。

限制人身自由的行政处罚，只能由法律设定。

第十一条　行政法规可以设定除限制人身自由以外的行政处罚。

法律对违法行为已经作出行政处罚规定，行政法规需要作出具体规定的，必须在法律规定的给予行政处罚的行为、种类和幅度的范围内规定。

法律对违法行为未作出行政处罚规定，行政法规为实施法律，可以补充设定行政处罚。拟补充设定行政处罚的，应当通过听证会、论证会等形式广泛听取意见，并向制定机关作出书面说明。行政法规报送备案时，应当说明补充设定行政处罚的情况。

第十二条　地方性法规可以设定除限制人身自由、吊销营业执照以外的行政处罚。

法律、行政法规对违法行为已经作出行政处罚规定，地方性法规需要作出具体规定的，必须在法律、行政法规规定的给予行政处罚的行为、种类和幅度的范围内规定。

法律、行政法规对违法行为未作出行政处罚规定，地方性法规为实施法律、行政法规，可以补充设定行政处罚。拟补充设定行政处罚的，应当通过听证会、论证会等形式广泛听取意见，并向制定机关作出书面说明。地方性法规报送备案时，应当说明补充设定行政处罚的情况。

第十三条　国务院部门规章可以在法律、行政法规规定的给予行政处罚的行为、种类和幅度的范围内作出具体规定。

尚未制定法律、行政法规的，国务院部门规章对违反行政管理秩序的行为，可以设定警告、通报批评或者一定数额罚款的行政处罚。罚款的限额由国务院规定。

第十四条　地方政府规章可以在法律、法规规定的给予行政处罚的行为、种类和幅度的范围内作出具体规定。

尚未制定法律、法规的，地方政府规章对违反行政管理秩序的行为，可以设定警告、通报批评或者一定数额罚款的行政处罚。罚款的限额由省、自治区、直辖市人民代表大会常务委员会规定。

第十五条　国务院部门和省、自治区、直辖市人民政府及其有关部门应当定期组织评估行政处罚的实施情况和必要性，对不适当的行政处罚事项及种类、罚款数额等，应当提出修改或者废止的建议。

第十六条　除法律、法规、规章外，其他规范性文件不得设定行政处罚。

第三章 行政处罚的实施机关

第十七条 行政处罚由具有行政处罚权的行政机关在法定职权范围内实施。

第十八条 国家在城市管理、市场监管、生态环境、文化市场、交通运输、应急管理、农业等领域推行建立综合行政执法制度，相对集中行政处罚权。

国务院或者省、自治区、直辖市人民政府可以决定一个行政机关行使有关行政机关的行政处罚权。

限制人身自由的行政处罚权只能由公安机关和法律规定的其他机关行使。

第十九条 法律、法规授权的具有管理公共事务职能的组织可以在法定授权范围内实施行政处罚。

第二十条 行政机关依照法律、法规、规章的规定，可以在其法定权限内书面委托符合本法第二十一条规定条件的组织实施行政处罚。行政机关不得委托其他组织或者个人实施行政处罚。

委托书应当载明委托的具体事项、权限、期限等内容。委托行政机关和受委托组织应当将委托书向社会公布。

委托行政机关对受委托组织实施行政处罚的行为应当负责监督，并对该行为的后果承担法律责任。

受委托组织在委托范围内，以委托行政机关名义实施行政处罚；不得再委托其他组织或者个人实施行政处罚。

第二十一条　受委托组织必须符合以下条件：

（一）依法成立并具有管理公共事务职能；

（二）有熟悉有关法律、法规、规章和业务并取得行政执法资格的工作人员；

（三）需要进行技术检查或者技术鉴定的，应当有条件组织进行相应的技术检查或者技术鉴定。

第四章　行政处罚的管辖和适用

第二十二条　行政处罚由违法行为发生地的行政机关管辖。法律、行政法规、部门规章另有规定的，从其规定。

第二十三条　行政处罚由县级以上地方人民政府具有行政处罚权的行政机关管辖。法律、行政法规另有规定的，从其规定。

第二十四条　省、自治区、直辖市根据当地实际情况，可以决定将基层管理迫切需要的县级人民政府部门的行政处罚权交由能够有效承接的乡镇人民政府、街道办事处行使，并定期组织评估。决定应当公布。

承接行政处罚权的乡镇人民政府、街道办事处应当加强执法能力建设，按照规定范围、依照法定程序实施行政处罚。

有关地方人民政府及其部门应当加强组织协调、业务指导、执法监督，建立健全行政处罚协调配合机制，完善评议、考核制度。

第二十五条 两个以上行政机关都有管辖权的，由最先立案的行政机关管辖。

对管辖发生争议的，应当协商解决，协商不成的，报请共同的上一级行政机关指定管辖；也可以直接由共同的上一级行政机关指定管辖。

第二十六条 行政机关因实施行政处罚的需要，可以向有关机关提出协助请求。协助事项属于被请求机关职权范围内的，应当依法予以协助。

第二十七条 违法行为涉嫌犯罪的，行政机关应当及时将案件移送司法机关，依法追究刑事责任。对依法不需要追究刑事责任或者免予刑事处罚，但应当给予行政处罚的，司法机关应当及时将案件移送有关行政机关。

行政处罚实施机关与司法机关之间应当加强协调配合，建立健全案件移送制度，加强证据材料移交、接收衔接，完善案件处理信息通报机制。

第二十八条 行政机关实施行政处罚时，应当责令当事人改正或者限期改正违法行为。

当事人有违法所得，除依法应当退赔的外，应当予以没收。违法所得是指实施违法行为所取得的款项。法律、行政法规、部门规章对违法所得的计算另有规定的，从其规定。

第二十九条　对当事人的同一个违法行为，不得给予两次以上罚款的行政处罚。同一个违法行为违反多个法律规范应当给予罚款处罚的，按照罚款数额高的规定处罚。

第三十条　不满十四周岁的未成年人有违法行为的，不予行政处罚，责令监护人加以管教；已满十四周岁不满十八周岁的未成年人有违法行为的，应当从轻或者减轻行政处罚。

第三十一条　精神病人、智力残疾人在不能辨认或者不能控制自己行为时有违法行为的，不予行政处罚，但应当责令其监护人严加看管和治疗。间歇性精神病人在精神正常时有违法行为的，应当给予行政处罚。尚未完全丧失辨认或者控制自己行为能力的精神病人、智力残疾人有违法行为的，可以从轻或者减轻行政处罚。

第三十二条　当事人有下列情形之一，应当从轻或者减轻行政处罚：

（一）主动消除或者减轻违法行为危害后果的；

（二）受他人胁迫或者诱骗实施违法行为的；

（三）主动供述行政机关尚未掌握的违法行为的；

（四）配合行政机关查处违法行为有立功表现的；

（五）法律、法规、规章规定其他应当从轻或者减轻行政处罚的。

第三十三条 违法行为轻微并及时改正，没有造成危害后果的，不予行政处罚。初次违法且危害后果轻微并及时改正的，可以不予行政处罚。

当事人有证据足以证明没有主观过错的，不予行政处罚。法律、行政法规另有规定的，从其规定。

对当事人的违法行为依法不予行政处罚的，行政机关应当对当事人进行教育。

第三十四条 行政机关可以依法制定行政处罚裁量基准，规范行使行政处罚裁量权。行政处罚裁量基准应当向社会公布。

第三十五条 违法行为构成犯罪，人民法院判处拘役或者有期徒刑时，行政机关已经给予当事人行政拘留的，应当依法折抵相应刑期。

违法行为构成犯罪，人民法院判处罚金时，行政机关已经给予当事人罚款的，应当折抵相应罚金；行政机关尚未给予当事人罚款的，不再给予罚款。

第三十六条 违法行为在二年内未被发现的，不再给予行政处罚；涉及公民生命健康安全、金融安全且有危害后果的，上述期限延长至五年。法律另有规定的除外。

前款规定的期限，从违法行为发生之日起计算；违法行为有连续或者继续状态的，从行为终了之日起计算。

第三十七条　实施行政处罚，适用违法行为发生时的法律、法规、规章的规定。但是，作出行政处罚决定时，法律、法规、规章已被修改或者废止，且新的规定处罚较轻或者不认为是违法的，适用新的规定。

第三十八条　行政处罚没有依据或者实施主体不具有行政主体资格的，行政处罚无效。

违反法定程序构成重大且明显违法的，行政处罚无效。

第五章　行政处罚的决定

第一节　一般规定

第三十九条　行政处罚的实施机关、立案依据、实施程序和救济渠道等信息应当公示。

第四十条　公民、法人或者其他组织违反行政管理秩序的行为，依法应当给予行政处罚的，行政机关必须查明事实；违法事实不清、证据不足的，不得给予行政处罚。

第四十一条　行政机关依照法律、行政法规规定利用电子技术监控设备收集、固定违法事实的，应当经过法制和技术审核，确保电子技术监控设备符合标准、设置合理、标志明显，设置地点应当向社会公布。

电子技术监控设备记录违法事实应当真实、清晰、完整、准确。行政机关应当审核记录内容是否符合要求；未经审核或者经审核不符合要求的，不得作为行政处罚的证据。

行政机关应当及时告知当事人违法事实，并采取信息化手段或者其他措施，为当事人查询、陈述和申辩提供便利。不得限制或者变相限制当事人享有的陈述权、申辩权。

第四十二条　行政处罚应当由具有行政执法资格的执法人员实施。执法人员不得少于两人，法律另有规定的除外。

执法人员应当文明执法，尊重和保护当事人合法权益。

第四十三条　执法人员与案件有直接利害关系或者有其他关系可能影响公正执法的，应当回避。

当事人认为执法人员与案件有直接利害关系或者有其他关系可能影响公正执法的，有权申请回避。

当事人提出回避申请的，行政机关应当依法审查，由行政机关负责人决定。决定作出之前，不停止调查。

第四十四条　行政机关在作出行政处罚决定之前，应当告知当事人拟作出的行政处罚内容及事实、理由、依据，并告知当事人依法享有的陈述、申辩、要求听证等权利。

第四十五条　当事人有权进行陈述和申辩。行政机关必须充分听取当事人的意见，对当事人提出的事实、理由和证据，应当进行复核；当事人提出的事实、理由或者证据成立的，行政机关应当采纳。

行政机关不得因当事人陈述、申辩而给予更重的处罚。

第四十六条　证据包括：

（一）书证；

（二）物证；

（三）视听资料；

（四）电子数据；

（五）证人证言；

（六）当事人的陈述；

（七）鉴定意见；

（八）勘验笔录、现场笔录。

证据必须经查证属实，方可作为认定案件事实的根据。

以非法手段取得的证据，不得作为认定案件事实的根据。

第四十七条　行政机关应当依法以文字、音像等形式，对行政处罚的启动、调查取证、审核、决定、送达、执行等进行全过程记录，归档保存。

第四十八条　具有一定社会影响的行政处罚决定应当依法公开。

公开的行政处罚决定被依法变更、撤销、确认违法或者确认无效的，行政机关应当在三日内撤回行政处罚决定信息并公开说明理由。

第四十九条　发生重大传染病疫情等突发事件，为了控制、减轻和消除突发事件引起的社会危害，行政机关对违反突发事件应对措施的行为，依法快速、从重处罚。

第五十条　行政机关及其工作人员对实施行政处罚过程中知悉的国家秘密、商业秘密或者个人隐私，应当依法予以保密。

第二节　简易程序

第五十一条　违法事实确凿并有法定依据，对公民处以二百元以下、对法人或者其他组织处以三千元以下罚款或者警告的行政处罚的，可以当场作出行政处罚决定。法律另有规定的，从其规定。

第五十二条　执法人员当场作出行政处罚决定的，应当向当事人出示执法证件，填写预定格式、编有号码的行政处罚决定书，并当场交付当事人。当事人拒绝签收的，应当在行政处罚决定书上注明。

前款规定的行政处罚决定书应当载明当事人的违法行为，行政处罚的种类和依据、罚款数额、时间、地点，申请行政复议、提起行政诉讼的途径和期限以及行政机关名称，并由执法人员签名或者盖章。

执法人员当场作出的行政处罚决定，应当报所属行政机关备案。

第五十三条　对当场作出的行政处罚决定，当事人应当依照本法第六十七条至第六十九条的规定履行。

第三节　普通程序

第五十四条　除本法第五十一条规定的可以当场作出的行政处罚外，行政机关发现公民、法人或者其他组织有依法应当给予行政处罚的行为的，必须全面、客观、公正地调查，收集有关证据；必要时，依照法律、法规的规定，可以进行检查。

符合立案标准的，行政机关应当及时立案。

第五十五条　执法人员在调查或者进行检查时，应当主动向当事人或者有关人员出示执法证件。当事人或者有关人员有权要求执法人员出示执法证件。执法人员不出示执法证件的，当事人或者有关人员有权拒绝接受调查或者检查。

当事人或者有关人员应当如实回答询问，并协助调查或者检查，不得拒绝或者阻挠。询问或者检查应当制作笔录。

第五十六条　行政机关在收集证据时，可以采取抽样取证的方法；在证据可能灭失或者以后难以取得的情况下，经行政机关负责人批准，可以先行登记保存，并应当在七日内及时作出处理决定，在此期间，当事人或者有关人员不得销毁或者转移证据。

第五十七条 调查终结，行政机关负责人应当对调查结果进行审查，根据不同情况，分别作出如下决定：

（一）确有应受行政处罚的违法行为的，根据情节轻重及具体情况，作出行政处罚决定；

（二）违法行为轻微，依法可以不予行政处罚的，不予行政处罚；

（三）违法事实不能成立的，不予行政处罚；

（四）违法行为涉嫌犯罪的，移送司法机关。

对情节复杂或者重大违法行为给予行政处罚，行政机关负责人应当集体讨论决定。

第五十八条 有下列情形之一，在行政机关负责人作出行政处罚的决定之前，应当由从事行政处罚决定法制审核的人员进行法制审核；未经法制审核或者审核未通过的，不得作出决定：

（一）涉及重大公共利益的；

（二）直接关系当事人或者第三人重大权益，经过听证程序的；

（三）案件情况疑难复杂、涉及多个法律关系的；

（四）法律、法规规定应当进行法制审核的其他情形。

行政机关中初次从事行政处罚决定法制审核的人员，应当通过国家统一法律职业资格考试取得法律职业资格。

第五十九条 行政机关依照本法第五十七条的规定给予行政处罚，应当制作行政处罚决定书。行政处罚决定书应当载明下列事项：

（一）当事人的姓名或者名称、地址；

（二）违反法律、法规、规章的事实和证据；

（三）行政处罚的种类和依据；

（四）行政处罚的履行方式和期限；

（五）申请行政复议、提起行政诉讼的途径和期限；

（六）作出行政处罚决定的行政机关名称和作出决定的日期。

行政处罚决定书必须盖有作出行政处罚决定的行政机关的印章。

第六十条 行政机关应当自行政处罚案件立案之日起九十日内作出行政处罚决定。法律、法规、规章另有规定的，从其规定。

第六十一条 行政处罚决定书应当在宣告后当场交付当事人；当事人不在场的，行政机关应当在七日内依照《中华人民共和国民事诉讼法》的有关规定，将行政处罚决定书送达当事人。

当事人同意并签订确认书的，行政机关可以采用传真、电子邮件等方式，将行政处罚决定书等送达当事人。

第六十二条　行政机关及其执法人员在作出行政处罚决定之前，未依照本法第四十四条、第四十五条的规定向当事人告知拟作出的行政处罚内容及事实、理由、依据，或者拒绝听取当事人的陈述、申辩，不得作出行政处罚决定；当事人明确放弃陈述或者申辩权利的除外。

第四节　听 证 程 序

第六十三条　行政机关拟作出下列行政处罚决定，应当告知当事人有要求听证的权利，当事人要求听证的，行政机关应当组织听证：

（一）较大数额罚款；

（二）没收较大数额违法所得、没收较大价值非法财物；

（三）降低资质等级、吊销许可证件；

（四）责令停产停业、责令关闭、限制从业；

（五）其他较重的行政处罚；

（六）法律、法规、规章规定的其他情形。

当事人不承担行政机关组织听证的费用。

第六十四条　听证应当依照以下程序组织：

（一）当事人要求听证的，应当在行政机关告知后五日内提出；

（二）行政机关应当在举行听证的七日前，通知当事人及有关人员听证的时间、地点；

（三）除涉及国家秘密、商业秘密或者个人隐私依法予以保密外，听证公开举行；

（四）听证由行政机关指定的非本案调查人员主持；当事人认为主持人与本案有直接利害关系的，有权申请回避；

（五）当事人可以亲自参加听证，也可以委托一至二人代理；

（六）当事人及其代理人无正当理由拒不出席听证或者未经许可中途退出听证的，视为放弃听证权利，行政机关终止听证；

（七）举行听证时，调查人员提出当事人违法的事实、证据和行政处罚建议，当事人进行申辩和质证；

（八）听证应当制作笔录。笔录应当交当事人或者其代理人核对无误后签字或者盖章。当事人或者其代理人拒绝签字或者盖章的，由听证主持人在笔录中注明。

第六十五条　听证结束后，行政机关应当根据听证笔录，依照本法第五十七条的规定，作出决定。

第六章　行政处罚的执行

第六十六条　行政处罚决定依法作出后，当事人应当在行政处罚决定书载明的期限内，予以履行。

当事人确有经济困难，需要延期或者分期缴纳罚款的，经当事人申请和行政机关批准，可以暂缓或者分期缴纳。

第六十七条　作出罚款决定的行政机关应当与收缴罚款的机构分离。

除依照本法第六十八条、第六十九条的规定当场收缴的罚款外，作出行政处罚决定的行政机关及其执法人员不得自行收缴罚款。

当事人应当自收到行政处罚决定书之日起十五日内，到指定的银行或者通过电子支付系统缴纳罚款。银行应当收受罚款，并将罚款直接上缴国库。

第六十八条　依照本法第五十一条的规定当场作出行政处罚决定，有下列情形之一，执法人员可以当场收缴罚款：

（一）依法给予一百元以下罚款的；

（二）不当场收缴事后难以执行的。

第六十九条　在边远、水上、交通不便地区，行政机关及其执法人员依照本法第五十一条、第五十七条的规定作出罚款决定后，当事人到指定的银行或者通过电子支付系统缴纳罚款确有困难，经当事人提出，行政机关及其执法人员可以当场收缴罚款。

第七十条　行政机关及其执法人员当场收缴罚款的，必须向当事人出具国务院财政部门或者省、自治区、直辖市人民政府财政部门统一制发的专用票据；不出具财政部门统一制发的专用票据的，当事人有权拒绝缴纳罚款。

第七十一条　执法人员当场收缴的罚款，应当自收缴罚款之日起二日内，交至行政机关；在水上当场收缴的罚款，应当自抵岸之日起二日内交至行政机关；行政机关应当在二日内将罚款缴付指定的银行。

第七十二条　当事人逾期不履行行政处罚决定的，作出行政处罚决定的行政机关可以采取下列措施：

（一）到期不缴纳罚款的，每日按罚款数额的百分之三加处罚款，加处罚款的数额不得超出罚款的数额；

（二）根据法律规定，将查封、扣押的财物拍卖、依法处理或者将冻结的存款、汇款划拨抵缴罚款；

（三）根据法律规定，采取其他行政强制执行方式；

（四）依照《中华人民共和国行政强制法》的规定申请人民法院强制执行。

行政机关批准延期、分期缴纳罚款的，申请人民法院强制执行的期限，自暂缓或者分期缴纳罚款期限结束之日起计算。

第七十三条　当事人对行政处罚决定不服，申请行政复议或者提起行政诉讼的，行政处罚不停止执行，法律另有规定的除外。

当事人对限制人身自由的行政处罚决定不服，申请行政复议或者提起行政诉讼的，可以向作出决定的机关提出暂缓执行申请。符合法律规定情形的，应当暂缓执行。

当事人申请行政复议或者提起行政诉讼的，加处罚款的数额在行政复议或者行政诉讼期间不予计算。

第七十四条　除依法应当予以销毁的物品外，依法没收的非法财物必须按照国家规定公开拍卖或者按照国家有关规定处理。

罚款、没收的违法所得或者没收非法财物拍卖的款项，必须全部上缴国库，任何行政机关或者个人不得以任何形式截留、私分或者变相私分。

罚款、没收的违法所得或者没收非法财物拍卖的款项，不得同作出行政处罚决定的行政机关及其工作人员的考核、考评直接或者变相挂钩。除依法应当退还、退赔的外，财政部门不得以任何形式向作出行政处罚决定的行政机关返还罚款、没收的违法所得或者没收非法财物拍卖的款项。

第七十五条　行政机关应当建立健全对行政处罚的监督制度。县级以上人民政府应当定期组织开展行政执法评议、考核，加强对行政处罚的监督检查，规范和保障行政处罚的实施。

行政机关实施行政处罚应当接受社会监督。公民、法人或者其他组织对行政机关实施行政处罚的行为，有权申诉或者检举；行政机关应当认真审查，发现有错误的，应当主动改正。

第七章　法律责任

第七十六条　行政机关实施行政处罚，有下列情形之一，由上级行政机关或者有关机关责令改正，对直接负责的主管人员和其他直接责任人员依法给予处分：

（一）没有法定的行政处罚依据的；

（二）擅自改变行政处罚种类、幅度的；

（三）违反法定的行政处罚程序的；

（四）违反本法第二十条关于委托处罚的规定的；

（五）执法人员未取得执法证件的。

行政机关对符合立案标准的案件不及时立案的，依照前款规定予以处理。

第七十七条　行政机关对当事人进行处罚不使用罚款、没收财物单据或者使用非法定部门制发的罚款、没收财物单据的，当事人有权拒绝，并有权予以检举，由上级行政机关或者有关机关对使用的非法单据予以收缴销毁，对直接负责的主管人员和其他直接责任人员依法给予处分。

第七十八条　行政机关违反本法第六十七条的规定自行收缴罚款的，财政部门违反本法第七十四条的规定向行政机关返还罚款、没收的违法所得或者拍卖款项的，由上级行政机关或者有关机关责令改正，对直接负责的主管人员和其他直接责任人员依法给予处分。

第七十九条　行政机关截留、私分或者变相私分罚款、没收的违法所得或者财物的，由财政部门或者有关机关予以追缴，对直接负责的主管人员和其他直接责任人员依法给予处分；情节严重构成犯罪的，依法追究刑事责任。

执法人员利用职务上的便利，索取或者收受他人财物、将收缴罚款据为己有，构成犯罪的，依法追究刑事责任；情节轻微不构成犯罪的，依法给予处分。

第八十条　行政机关使用或者损毁查封、扣押的财物，对当事人造成损失的，应当依法予以赔偿，对直接负责的主管人员和其他直接责任人员依法给予处分。

第八十一条　行政机关违法实施检查措施或者执行措施，给公民人身或者财产造成损害、给法人或者其他组织造成损失的，应当依法予以赔偿，对直接负责的主管人员和其他直接责任人员依法给予处分；情节严重构成犯罪的，依法追究刑事责任。

第八十二条　行政机关对应当依法移交司法机关追究刑事责任的案件不移交，以行政处罚代替刑事处罚，由上级行政机关或者有关机关责令改正，对直接负责的主管人员和其他直接责任人员依法给予处分；情节严重构成犯罪的，依法追究刑事责任。

第八十三条　行政机关对应当予以制止和处罚的违法行为不予制止、处罚，致使公民、法人或者其他组织的合法权益、公共利益和社会秩序遭受损害的，对直接负责的主管人员和其他直接责任人员依法给予处分；情节严重构成犯罪的，依法追究刑事责任。

第八章　附　　则

第八十四条　外国人、无国籍人、外国组织在中华人民共和国领域内有违法行为，应当给予行政处罚的，适用本法，法律另有规定的除外。

第八十五条　本法中“二日”“三日”“五日”“七日”的规定是指工作日，不含法定节假日。

第八十六条　本法自2021年7月15日起施行。

国务院关于进一步贯彻实施《中华人民共和国行政处罚法》的通知

（2021年11月15日　国发〔2021〕26号）

各省、自治区、直辖市人民政府，国务院各部委、各直属机构：

《中华人民共和国行政处罚法》（以下简称行政处罚法）已经十三届全国人大常委会第二十五次会议修订通过。为进一步贯彻实施行政处罚法，现就有关事项通知如下：

一、充分认识贯彻实施行政处罚法的重要意义

行政处罚法是规范政府行为的一部重要法律。贯彻实施好新修订的行政处罚法，对推进严格规范公正文明执法，保障和监督行政机关有效实施行政管理，优化法治化营商环境，保护公民、法人或者其他组织的合法权益，加快法治政府建设，推进国家治理体系和治理能力现代化，具有重要意义。新修订的行政处罚法体现和巩固了近年来行政执法领域取得的重大改革成果，回应了当前的执法实践需要，明确了行政处罚的定义，扩充了行政处罚种类，完善了行政处罚程序，强化了行政执法责任。各地区、各部门要从深入学习贯彻习近平法治思想，加快建设法治国家、法治政府、法治社会的高度，充分认识新修订的行政处罚法施行的重要意义，采取有效措施，作出具体部署，扎实做好贯彻实施工作。

二、加强学习、培训和宣传工作

（一）开展制度化规范化常态化培训。行政机关工作人员特别是领导干部要带头认真学习行政处罚法，深刻领会精神实质和内在要求，做到依法行政并自觉接受监督。各地区、各部门要将行政处罚法纳入行政执法培训内容，作为行政执法人员的必修课，使行政执法人员全面理解和准确掌握行政处罚法的规定，依法全面正确履行行政处罚职能。各地区、各部门要于2022年6月前通过多种形式完成对现有行政执法人员的教育培训，并持续做好新上岗行政执法人员培训工作。

（二）加大宣传力度。各地区、各部门要将行政处罚法宣传纳入本地区、本部门的“八五”普法规划，面向社会广泛开展宣传，增强全民法治观念，提高全民守法意识，引导各方面监督行政处罚行为、维护自身合法权益。要按照“谁执法谁普法”普法责任制的要求，落实有关属地管理责任和部门主体责任，深入开展行政执法人员、行政复议人员等以案释法活动。

三、依法规范行政处罚的设定

（三）加强立法释法有关工作。起草法律、法规、规章草案时，对违反行政管理秩序的公民、法人或者其他组织，以减损权益或者增加义务的方式实施惩戒的，要依法设定行政处罚，不得以其他行政管理措施的名义变相设定，规避行政处罚设定的要求。对上位法设定的行政处罚作出具体规定的，不得通过增减违反行政管理秩序的行为和行政处罚种类、在法定幅度之外调整罚款上下限等方式层层加码或者“立法放水”。对现行法律、法规、规章中的行政管理措施是否属于行政处罚有争议的，要依法及时予以解释答复或者提请有权机关解释答复。

（四）依法合理设定罚款数额。根据行政处罚法规定，尚未制定法律、行政法规的，国务院部门规章对违反行政管理秩序的行为，可以按照国务院规定的限额设定一定数额的罚款。部门规章设定罚款，要坚持过罚相当，罚款数额要与违法行为的事实、性质、情节以及社会危害程度相当，该严的要严，该轻的要轻。法律、行政法规对违法行为已经作出罚款规定的，部门规章必须在法律、行政法规规定的给予行政处罚的行为、种类和幅度的范围内规定。尚未制定法律、行政法规，因行政管理迫切需要依法先以部门规章设定罚款的，设定的罚款数额最高不得超过10万元，且不得超过法律、行政法规对相似违法行为的罚款数额，涉及公民生命健康安全、金融安全且有危害后果的，设定的罚款数额最高不得超过20万元；超过上述限额的，要报国务院批准。上述情况下，部门规章实施一定时间后，需要继续实施其所设定的罚款且需要上升为法律、行政法规的，有关部门要及时报请国务院提请全国人大及其常委会制定法律，或者提请国务院制定行政法规。本通知印发后，修改部门规章时，要结合实际研究调整罚款数额的必要性，该降低的要降低，确需提高的要严格依照法定程序在限额范围内提高。地方政府规章设定罚款的限额，依法由省、自治区、直辖市人大常委会规定。

（五）强化定期评估和合法性审核。国务院部门和省、自治区、直辖市人民政府及其有关部门要认真落实行政处罚定期评估制度，结合立法计划规划每5年分类、分批组织一次评估。对评估发现有不符合上位法规定、不适应经济社会发展需要、明显过罚不当、缺乏针对性和实用性等情形的行政处罚规定，要及时按照立法权限和程序自行或者建议有权机关予以修改、废止。要加强行政规范性文件合法性审核，行政规范性文件不得设定行政处罚；违法规定行政处罚的，相关规定一律无效，不得作为行政处罚依据。

四、进一步规范行政处罚的实施

（六）依法全面正确履行行政处罚职能。行政机关要坚持执法为民，通过行政处罚预防、纠正和惩戒违反行政管理秩序的行为，维护公共利益和社会秩序，保护公民、法人或者其他组织的合法权益，不得违法实施行政处罚，不得为了处罚而处罚，坚决杜绝逐利执法，严禁下达罚没指标。财政部门要加强对罚缴分离、收支两条线等制度实施情况的监督，会同司法行政等部门按规定开展专项监督检查。要持续规范行政处罚行为，推进事中事后监管法治化、制度化、规范化，坚决避免运动式执法等执法乱象。

（七）细化管辖、立案、听证、执行等程序制度。各地区、各部门要严格遵守法定程序，结合实际制定、修改行政处罚配套制度，确保行政处罚法的有关程序要求落到实处。要进一步完善地域管辖、职能管辖等规定，建立健全管辖争议解决机制。两个以上行政机关属于同一主管部门，发生行政处罚管辖争议、协商不成的，由共同的上一级主管部门指定管辖；两个以上行政机关属于不同主管部门，发生行政处罚管辖争议、协商不成的，司法行政部门要会同有关单位进行协调，在本级人民政府领导下做好指定管辖工作。要建立健全立案制度、完善立案标准，对违反行政管理秩序的行为，按规定及时立案并严格遵守办案时限要求，确保案件得到及时有效查处。确需通过立法对办案期限作出特别规定的，要符合有利于及时查清案件事实、尽快纠正违法行为、迅速恢复正常行政管理秩序的要求。要建立健全行政处罚听证程序规则，细化听证范围和流程，严格落实根据听证笔录作出行政处罚决定的规定。要逐步提高送达地址确认书的利用率，细化电子送达工作流程，大力推进通过电子支付系统缴纳罚款，加强信息安全保障和技术支撑。

（八）规范电子技术监控设备的设置和使用。行政机关设置电子技术监控设备要确保符合标准、设置合理、标志明显，严禁违法要求当事人承担或者分摊设置电子技术监控设备的费用，严禁交由市场主体设置电子技术监控设备并由市场主体直接或者间接收取罚款。除有证据证明当事人存在破坏或者恶意干扰电子技术监控设备、伪造或者篡改数据等过错的，不得因设备不正常运行给予其行政处罚。要定期对利用电子技术监控设备取证的行政处罚决定进行数据分析；对同一区域内的高频违法行为，要综合分析研判原因，推动源头治理，需要改进行政管理行为的，及时采取相应措施，杜绝以罚代管。要严格限制电子技术监控设备收集信息的使用范围，不得泄露或者向他人非法提供。

（九）坚持行政处罚宽严相济。各地区、各部门要全面推行行政裁量基准制度，规范行政处罚裁量权，确保过罚相当，防止畸轻畸重。行政机关不得在未查明违法事实的情况下，对一定区域、领域的公民、法人或者其他组织“一刀切”实施责令停产停业、责令关闭等行政处罚。各地区、各部门要按照国务院关于复制推广自由贸易试验区改革试点经验的要求，全面落实“初次违法且危害后果轻微并及时改正的，可以不予行政处罚”的规定，根据实际制定发布多个领域的包容免罚清单；对当事人违法行为依法免予行政处罚的，采取签订承诺书等方式教育、引导、督促其自觉守法。要加大食品药品、公共卫生、自然资源、生态环境、安全生产、劳动保障等关系群众切身利益的重点领域执法力度。发生重大传染病疫情等突发事件，行政机关对违反突发事件应对措施的行为依法快速、从重处罚时，也要依法合理保护当事人的合法权益。

（十）健全法律责任衔接机制。各地区、各部门要细化责令退赔违法所得制度，依法合理保护利害关系人的合法权益；当事人主动退赔，消除或者减轻违法行为危害后果的，依法予以从轻或者减轻行政处罚。要全面贯彻落实《行政执法机关移送涉嫌犯罪案件的规定》，加强行政机关和司法机关协调配合，按规定畅通案件移送渠道，完善案件移送标准和证据认定保全、信息共享、工作协助等机制，统筹解决涉案物品归口处置和检验鉴定等问题。积极推进行政执法与刑事司法衔接信息平台建设。对有案不移等，情节严重构成犯罪的，依法追究刑事责任。

五、持续改革行政处罚体制机制

（十一）纵深推进综合行政执法体制改革。省、自治区、直辖市人民政府要统筹协调推进综合行政执法改革工作，建立健全配套制度，组织编制并公开本地区综合行政执法事项清单。有条件的地区可以在统筹考虑综合性、专业性以及防范风险的基础上，积极稳妥探索开展更大范围、更多领域集中行使行政处罚权以及与之相关的行政检查权、行政强制权。建立健全综合行政执法机关与业务主管部门、其他行政机关行政执法信息互联互通共享、协作配合工作机制。同时实施相对集中行政许可权和行政处罚权的，要建立健全相关制度机制，确保有序衔接，防止出现监管真空。

（十二）积极稳妥赋权乡镇街道实施行政处罚。省、自治区、直辖市根据当地实际情况，采取授权、委托、相对集中行政处罚权等方式向能够有效承接的乡镇人民政府、街道办事处赋权，要注重听取基层意见，关注基层需求，积极稳妥、科学合理下放行政处罚权，成熟一批、下放一批，确保放得下、接得住、管得好、有监督；要定期组织评估，需要调整的及时调整。有关市、县级人民政府及其部门要加强对乡镇人民政府、街道办事处行政处罚工作的组织协调、业务指导、执法监督，建立健全评议考核等配套制度，持续开展业务培训，研究解决实际问题。乡镇人民政府、街道办事处要不断加强执法能力建设，依法实施行政处罚。

（十三）规范委托行政处罚。委托行政处罚要有法律、法规、规章依据，严格依法采用书面委托形式，委托行政机关和受委托组织要将委托书向社会公布。对已经委托行政处罚，但是不符合行政处罚法要求的，要及时清理；不符合书面委托规定、确需继续实施的，要依法及时完善相关手续。委托行政机关要向本级人民政府或者实行垂直管理的上级行政机关备案委托书，司法行政等部门要加强指导、监督。

（十四）提升行政执法合力。逐步完善联合执法机制，复制推广“综合查一次”经验，探索推行多个行政机关同一时间、针对同一执法对象开展联合检查、调查，防止执法扰民。要健全行政处罚协助制度，明确协助的实施主体、时限要求、工作程序等内容。对其他行政机关请求协助、属于自身职权范围内的事项，要积极履行协助职责，不得无故拒绝、拖延；无正当理由拒绝、拖延的，由上级行政机关责令改正，对相关责任人员依法依规予以处理。要综合运用大数据、物联网、云计算、区块链、人工智能等技术，先行推进高频行政处罚事项协助，实现违法线索互联、监管标准互通、处理结果互认。有关地区可积极探索跨区域执法一体化合作的制度机制，建立健全行政处罚预警通报机制，完善管辖、调查、执行等方面的制度机制，为全国提供可复制推广的经验。

六、加强对实施行政处罚的监督

（十五）强化行政执法监督。要加快建设省市县乡四级全覆盖的行政执法协调监督工作体系，创新监督方式，强化全方位、全流程监督，提升行政执法质量。要完善执法人员资格管理、执法行为动态监测、行政处罚案卷评查、重大问题调查督办、责任追究等制度机制，更新行政处罚文书格式文本，完善办案信息系统，加大对行政处罚的层级监督力度，切实整治有案不立、有案不移、久查不结、过罚不当、怠于执行等顽瘴痼疾，发现问题及时整改；对行政处罚实施过程中出现的同类问题，及时研究规范。要完善评议考核、统计分析制度，不得以处罚数量、罚没数额等指标作为主要考核依据。要综合评估行政处罚对维护经济社会秩序，保护公民、法人或者其他组织合法权益，提高政府管理效能的作用，探索建立行政处罚绩效评估制度。各级人民政府要不断加强行政执法协调监督队伍建设，确保力量配备、工作条件、能力水平与工作任务相适应。

各地区、各部门要把贯彻实施好新修订的行政处罚法作为当前和今后一段时期加快建设法治政府的重要抓手，切实加强和改进相关行政立法，规范行政执法，强化行政执法监督，不断提高依法行政的能力和水平。要梳理总结贯彻实施行政处罚法的经验做法，及时将重要情况和问题报送司法部。司法部要加强统筹协调监督，指导各地区、各部门抓好贯彻实施工作，组织开展行政处罚法贯彻实施情况检查，重大情况及时报国务院。此前发布的国务院文件有关规定与本通知不一致的，以本通知为准。

后　记

2021年《行政处罚法》的修订是《行政处罚法》颁布施行以来最重要的一次修改，属于对行政处罚制度较为系统、全面的修订，涉及行政处罚一系列重大制度的调整。2021年12月发布的《国务院关于进一步贯彻实施〈中华人民共和国行政处罚法〉的通知》要求"加强学习、培训和宣传工作"，指出"贯彻实施好新修订的行政处罚法，对推进严格规范公正文明执法，保障和监督行政机关有效实施行政管理，优化法治化营商环境，保护公民、法人或者其他组织的合法权益，加快法治政府建设，推进国家治理体系和治理能力现代化，具有重要意义。"

为了推动修订后的《行政处罚法》有效实施，我们组织来自党校、高校和科研机构的专家学者编写完成这一简明读物。本书分上、下两篇，上篇对《行政处罚法》相关规定进行全面介绍和重点解读，下篇提供若干典型案例和相应专家评析，以期对行政执法和司法实践有所指导和帮助。

本书具体分工如下：

杨伟东 中国政法大学教授、博士生导师，负责撰写导言，全书统稿；

王　静 中央党校（国家行政学院）政治和法律部副教授，负责撰写第一章部分内容、第二章，协助全书统稿；

张效羽 中央党校（国家行政学院）政治和法律部教授，负责撰写第三章；

祖博媛 国际关系学院法学院讲师，负责撰写第四章；

王　轩 广州大学法学院讲师，负责撰写第五章部分内容；

王凌光 广州大学法学院讲师，负责撰写第五章部分内容；

杨　霞 中央司法警官学院法学院副教授，负责撰写第一章部分内容、第六章；

安丽娜 首都师范大学政法学院讲师，负责撰写第七章、第八章。

感谢中国法制出版社和王熹编辑对本书出版的支持！

由于作者水平有限，本书恐有错漏之处，敬请广大读者批评指正。

本书编写组

2022 年 3 月 9 日

图书在版编目（CIP）数据

新《行政处罚法》简明教程/杨伟东主编 .—北京：中国法制出版社，2022. 3

ISBN 978-7-5216-2546-2

Ⅰ.①新… Ⅱ.①杨… Ⅲ.①行政处罚法-中国-教材 Ⅳ.①D922. 11

中国版本图书馆 CIP 数据核字（2022）第 032828 号

策划编辑　王　熹　吕静云

责任编辑　吕静云　赵律玮　　封面设计　李　宁

新《行政处罚法》简明教程

XIN《XINGZHENG CHUFAFA》JIANMING JIAOCHENG

主编/杨伟东

经销/新华书店

印刷/三河市紫恒印装有限公司

开本/880 毫米×1230 毫米　32 开　　印张/ 11. 5　字数/ 179 千

版次/2022 年 3 月第 1 版　　2022 年 3 月第 1 次印刷

中国法制出版社出版

书号 ISBN 978-7-5216-2546-2　　定价：49. 00 元

北京市西城区西便门西里甲 16 号西便门办公区

邮政编码：100053　　传真：010-63141600

网址：http：//www. zgfzs. com　　**编辑部电话：010-63141795**

市场营销部电话：010-63141612　　**印务部电话：010-63141606**

（如有印装质量问题，请与本社印务部联系。）